凤凰师轩
FENGHUANG SHIXUAN

行知工程
教育思想者系列

高效教学的道与术

陶继新教育讲演录

陶继新 著

江蘇鳳凰教育出版社
Phoenix Education Publishing, Ltd

图书在版编目（CIP）数据

高效教学的道与术：陶继新教育讲演录/陶继新著.
—南京：江苏凤凰教育出版社，2016.8（2017.9 重印）

ISBN 978-7-5499-5853-5

Ⅰ.①高…　Ⅱ.①陶…　Ⅲ.①中小学—教学研究—文集　Ⅳ.①G632.0-53

中国版本图书馆 CIP 数据核字（2016）第 131680 号

书　　名	高效教学的道与术——陶继新教育讲演录
作　　者	陶继新著
责任编辑	雷利军　沈倩倩
封面设计	天之赋设计室
出版发行	江苏凤凰教育出版社（南京市湖南路 1 号 A 楼　邮编 210009）
苏教网址	http：//www.1088.com.cn
照　　排	北京世纪鸿文制版技术有限公司
印　　刷	三河市九洲财鑫印刷有限公司
厂　　址	河北省三河市灵山大口
开　　本	787 毫米×1092 毫米　1/16
印　　张	14
字　　数	163 千字
版　　次	2016 年 8 月第 1 版　2017 年 9 月第 2 次印刷
书　　号	ISBN 978-7-5499-5853-5
定　　价	30.00 元
网店地址	http：//jsfhjycbs.tmall.com
邮购电话	025-85406265,85400774　短信　02585420909
E - mail	jsep@vip.163.com
盗版举报	025-83658579

自序 PREFACE

几乎所有的教师都希望自己的课堂教学抵达高效的境界，而且确有一些名师与学校在这方面进行了有益的探索，并取得了一定的成效。有些教育专家也从理论与实践两个层面进行了深入的研究，产生了较大的影响。这对推动课堂教学改革，实现高效课堂教学，无疑起到了一定的作用。

我也一直在关注高效教学的走向，持续不断地走进学校与课堂，采访与报道了不少学校与名师的典型。近两年，我对“MS－EEPO有效教育”创始人孟照彬教授及其团队进行跟踪采访、听课，已形成了十几万字的相关报道并陆续在《中国教育报》上发表。另外，10多年来，我还总结了自己在高效教学方面学习与研究的成果，在全国开设了100多场《高效教学的道与术》讲座，产生了比较积极的影响。

愈深入研究，就愈有收获。但是，我在采访中也发现了一些问题：有些高效教学的实践者与研究者多停留在教学的方法与技巧层面，更多地关注“术”，至于其中属于生命规则的“道”，似乎还没有人触及，甚至有的人认为它并不存在。

方法与技巧重要吗？回答是肯定的。有的时候，它可以让高效教学立竿见影。捷克教育家夸美纽斯在其《大教学论》开篇即谈“教学是一门艺术”，其最外在而直接的表达即是教师在不同教学情境下所采用的不同方法与技巧。在本书中，我也谈了一些关于高效教学的方法与技巧问题。可以说，教学方法与技巧的应用在一定程度上体现了加拿大教育学者马克思·范梅南所说的教学智慧。看来，课堂教学不仅止于知识传授的本领，更在于其中所潜隐着的对学习者精神的激励、唤醒和鼓舞。正因为如此，对于高效教学，如果只研究方法与技巧，而忽略了其内在的品质与规则，就会出现问题，甚至误入歧途。

所以，我在本书中也对高效教学之“道”进行了一定的探索。不过，我所说的“道”，并不止于高效教学的内在规则上，还有具有重要影响的“诗外功夫”。我非常欣赏陆游对他儿子说的一句话：“汝果欲学诗，功夫在诗外。”我则说：“汝果欲学习与研究课堂教学，功夫在课堂教学之外。”而这个“诗外功夫”，就是课堂教学抵达高效境界所必需的内在密码。

目前，我已有近40本著作问世，而且多是在近10年之内出版的。如与教育部体育卫生与艺术教育司司长王登峰、教育家魏书生、高僧空海法师、著名特级教师王崧舟等通过对话形成的著作，是面对着录像机，在没有文本材料的情况下，现场即兴碰撞出来的。然后对录音稍作整理，这些书就正式出版了。这显然是高效的。不过，为了出版这些书，我已经准备了几十年。10多年前，我还没有对高效教学进行过特别关注和专项研究，然而，为什么后来的写作能如此高效呢？原因就在于我多年的积淀，这就是几十年的“功夫”，甚至在一般人看来是笨功夫。其实，成功，是没有捷径可走的，我不大相信有快速成功法，更相信的是长期功夫，厚积薄发。

看来，真正意义上的高效教学，不应当只是用某种方法与技巧，让学生考出较好的成绩，还要考虑当下的教学是否为学生的终身发展积淀了一定的“功夫”。日本教育学者佐藤学教授曾深刻剖析了课堂教学的实质，他认为，教学不是单纯的种种要素的复合体，而是种种过程的复合体，课堂教学的实践可以理解为由认知过程、社会过程和内省过程三个范畴构成的复杂的活动。在教学过程中，教师和学生的关系是“交互主体”关系，而非“主导主体”关系。可以说，这一观点从根本上强调的是从“灌输中心教学”转型为“对话中心教学”的内涵。“对话”即两个心灵的彼此尊重与自然沟通，这是其他任何交互环境都无法实现的效果和无法企及的境地。我在采访全国真正意义上的名师时也发现，他们所教的学生与其他教师所教的学生相比，学习成绩相差不大。可是，过几年、十几年甚至几十年后，这些学生的成就远远超过了那些只是关注考试分数的学生。究其原因，保加利亚心理学家洛扎诺夫早已通过大量的心理实验向我们阐明——人的学习活动不仅依靠大脑皮层结构，而且是在情感和潜意识的共同参与下进行的，是潜意识与显意识交织的心理活动。所以，差异不在于外显行为与直接效果的分毫之差，而在于内在品格与潜在能量的持续萌发。

孔子说：“无欲速，无见小利。欲速则不达，见小利则大事不成。”当今社会浮躁之气太重，有的教师的心灵也喧嚣起来了，他们不再关注如何育人与启智，而更多地关注学生的考试分数。英国哲学家怀特海指出：“教育的全部目的就是使人具有活跃的智慧。”“要使知识充满活力，不能使知识僵化，而这是一切教育的核心问题。”而如果所谓的高效教学也将关注点主要放在如何提高学生的考试分数方面，甚至有的课堂教学改革的典型也只在围绕课堂教学的单一向度进行“探索”，这无疑与教育的根本意义背道而驰。从表面上看，课堂上学生讨论得热热闹闹，可是，课堂教学仅仅需要热闹吗？它还需要学生进行深入的思考，需要学生进行大量的阅读甚至背诵。如陈琴老师在小学课堂上除了让学生学好现行教材之外，还让学生背诵了十几万字的经典，与那些一心只读教材的学生相比，陈老师的学生未来的发展潜力之大可想而知。中国第一篇教育学论著《学记》中有言：“时过然后学，则勤苦而难成。”儿童时代是记忆的黄金阶段，他们背诵经典，不但快，而且忘得慢；可到了高中或者大学阶段，即使头悬梁，锥刺骨，也不可能背诵如此多的经典。中国古代以至民国时期的不少大师，都是在小时候做了大量背诵的“童子功”才成大器的。

“道”之所指，还不只是积淀，不只需要功夫，还要有人格支撑。纵观古今中外的大师，之所以成就斐然，其中一个重要的因素就是高尚的人格。所以，孔子的教学总纲只有12个字：“志于道，据于德，依于仁，游于艺。”他之所以如此高度重视人格修为，是因为他知道，一个人如果没有良好的人格，即使满腹经纶，也有可能成为危害社会的人。《礼记》上也说：“师也者，教之以事而喻诸德者也。”从这个意义上说，课堂只是教学的一个载体，如何借助这一载体让学生形成优秀的人格、形成终身学习的品质，才是更值得教师关注的。

心灵具有巨大的生命能量，一个心灵自由、情绪舒展的人，学习与工作起来一定是高效的。所以，在研究高效教学的时候，首先要构建一个和谐自由的学习场。苏联心理学家维果茨基在《思维与语言》中指出，在研究儿童思维的时候，必须注意思维与其他心理现象的关系，特别是思维与情绪、情感因素的联系。因此，研究高效教学的关键应该是对学习兴趣与情感的激发。如果你的课堂让学生感到不自由甚至可怕，那么不管你采用什么样的教学模式与教学方法，都不可能达到高效的境界。在这方面，我感触尤深。因为我在写文章的时候，如果心灵愉悦，就会文思泉涌，灵感频频闪现；如果感到不愉快，就会思路阻塞，写得特别慢，文章的质量也不会高。所以，如何让学生在学习的过程中拥有愉悦的心境，是实现高效教学的必由之道。

孩子的有意注意时间是有限的，而且很容易受外界的干扰。在课堂上，如果让学生长时间一动不动地听课，他们就会不由自主地走神。这是不是因为他们不想听课了呢？不是的。这恰恰体现了小学生所处年龄阶段的特征与学习心理的特点，因为小学生的有意注意时间一般不超过15分钟。这种身体行为上的年龄特点作为一种生理因素，对学生的注意、意志、情感等心理反应与发展有重要的影响。因此，在教学中，教师可以根据学生的这种生理特性，设置动静转换的教学环节。这里的“动”既要快，又要有秩序，动静转换须有效地进行，让学生在静时学得高效，在动时学有所得。当然，如何让动静转换更加有效，不能想当然，而应当研究其内在规律。不然，高效的课堂教学就有可能与你擦肩而过。

正是基于对以上诸方面的考虑，我在本书中所写的内容与一般研究高效教学的书的内容并不一样，我在关注“术”的同时，还特别关注“道”的支持。因为“有道无术，术尚可求也；有术无道，止于术”。

我在全国各地采访了数百所学校，包括数百位校长、教师、专家、学生，本书中绝大多数的案例都是自己在采写“大地”上种出来的“庄稼”。虽然没有多少洋味儿，也没去赶什么时髦，却因接了地气，而有了“陶氏”做派与“陶氏”风格。

不过，我在高效教学的道与术方面的研究成果还只是阶段性的，有的地方甚至还存在问题。所以，我会继续行走在高效教学研究的路上，通过更多的学习与实践，形成更有价值的思想结晶与经验成果。

陶继新

2016年2月12日于济南

目录 CONTENTS

第一讲

师生回归本位

——学生是学习和发展的主体

一、是《学记》而非《教记》

有的人认为，中国古代的教学是以教师讲授为主，学生只是听众。其实不然。中国第一篇教育学论著《学记》中不但有“教学相长”的教育名言，而且有关于课堂上教师应少讲的精辟论断：“善歌者，使人继其声。善教者，使人继其志。其言也，约而达，微而臧，罕譬而喻，可谓继志矣。”意思是说，擅长唱歌的人，不仅声音悦耳，动人心弦，还能使人情不自禁地跟着唱。善于教学的人，不仅授人以知识，还能诱导学生自觉地跟着他学。这样的人讲课，言辞简约而通达，含蓄而精微，虽然少用譬喻，但使人容易明白，这可以说是能使学生自觉地跟着他学习。《学记》上还说：“君子之教，喻也。道而弗牵，强而弗抑，开而弗达。道而弗牵则和，强而弗抑则易，开而弗达则思。和易以思，可谓善喻矣。”意思是说，教师的教育方法，就是启发诱导。对学生诱导而不牵拉，严格要求而不压制，指导学习的门径而不把答案直接告诉学生。对学生诱导而不牵拉，则师生关系融洽；

严格要求而不压制，学生才能感到学习容易；启发而不把结论和盘托出，学生才会自己钻研思考。能做到师生关系融洽，使学生感到学习容易，并能独立思考，可以说是做到了善于启发诱导。《学记》认为，学生不但要听教师讲，更要会学，特别是要善于学习。“善学者，师逸而功倍，又从而庸之；不善学者，师勤而功半，又从而怨之。”意思是说，善于学习的人，往往教师所费力气不大，收效却很大，学生又能把学习成就归功于教师的教学得法，对教师表示感激之意；不善于学习的人，往往教师费力很大，收效却很小，学生还会把责任推给教师，埋怨教师教学不得法。

我们在看《论语》等古代儒家经典的时候发现，孔子教学的时候，语言是极其简约的。比如，孔子的学生子贡能言善辩，孔子说：“予欲无言。”子贡反问：“子如不言，则小子何述焉？”意思是说，教师如果不说话，那学生应该依据什么做事，如何传承教师的志向呢？孔子也反问子贡：“天何言哉？四时行焉，百物生焉。天何言哉？”意思是说，上天不说话，只要天道不变，四季照样运行，万物照样生长。孔子认为，在教育教学中，教师不需要能言善辩，关键是要能启发学生的悟性。《论语》记载了不少孔子教学的场景，如《子路、曾皙、冉有、公西华侍坐》等，孔子没有高谈阔论，而是让学生各抒己见，自己只是偶尔点评几句。这样的教学，更多的不是教师在教，而是学生在学。久而久之，学生就会学习，也乐于学习了。

由此观之，中国古代的课堂教学，教师并非一味地讲，还关注学生的学。

近几十年来，我们的课堂却是以教师讲授为主，学生只是被动的听众，甚至是学习的奴隶。尽管教育学方面的书籍出了不少，可是其中更多的还是在谈教师如何教，而非学生如何学。相比当下我们的教学现状，古人更有智慧，甚至更有学生意识。课堂教学不是教师的独角戏，需要师生共同演绎课堂的精彩。只有以学生为主体，课堂教学才能抵达高效的境界；只有学生更加积极、主动地学习，课堂教学才能呈现出奇异的光彩。

二、是学堂而非教室

现在学生上课的地方被称作“教室”，但是以前学生学习的地方不叫“教室”，而是叫“学堂”。记得我小时候上学时，大人们常说“背着书包上学堂”。何谓“学堂”？顾名思义，就是学习的场所。

有的教师说，从前私塾先生教学，自己讲得很少，而是让学生反复读书，甚至背诵，学生能学到什么？私塾先生只让学生背诵，学生并没有把知识内化为自己的东西。事实真的是这样的吗？不是。在古代，“四书”“五经”这么难的东西，孩子很小便都会背了，练就了一身过硬的“童子功”。古人还知道一个基本的道理，那就是记忆有一个规律：年龄越小，记得越快，忘得越慢；年龄越大，记得越慢，忘得越快。儿童时代背诵的经典会嵌在人的记忆深处，甚至有可能成为其终生的记忆。随着年龄的增长，这些文化智慧会慢慢发酵，产生作用，从而让人的生命向着更好的方向发展。有些内含智慧的经典一旦走进人的记忆之中，就如在其心里种下了一颗种子，随着时间的推移，它会悄悄地破土而出，慢慢地长成参天大树。

看来，古代的学堂与今天的教室的确不一样。古代的教师讲得很少，学生读书的时间很多；现在的教师讲得特别多，学生读书的时间非常少。中国学堂式教学法对几千年文明史的传承起到了很大的作用。今天的课堂教学法尽管也培养了不少人才，可是学生在课堂上少了积淀优秀文化的时间，所谓的“童子功”也多不复存在了。

学堂与教室都是学生上课的地方，真正的内涵却有天壤之别，不但在教学理念上有所不同，在学习质量上更有高低之分。中国古代出现了一大批博学多才的思想家、文学家、教育家，可是近几十年来，真正意义上的大家可谓“几希矣”。学堂之风渐远，教室之气愈重，错过了积淀丰富的文化底蕴的良好时机，孩子长大之后岂非悔之晚矣？

三、是主人而非奴隶

课堂教学应回归本位，把学生的学习和发展放在首要位置。真正的高效教学并不是靠让学生反复做练习题、挑灯夜战来实现的，关键是要让学生具备某些最根本的、最有价值的素养与品质。

其实，学习有一个共性规律。从斯霞、钱梦龙、魏书生、孙维刚、顾泠沅等教师身上，从“洋思经验”“东庐经验”“杜郎口经验”以及山东省乐陵市实验小学、山东省青岛市即墨第二十八中学的教学改革的成效中，我们总结出这样的道理：会学、善学、乐学，是高效教学的关键所在。换句话说，就是要让学生真正成为学习的主人。下面，我们分享几个这样的事例。

1. 黄全愈博士的儿子上二年级时写论文

有的老师提出疑问：“我们如此辛苦地教，这么精心地备课，很多学生还学不好，让他们自己学能学好吗？”有的家长也提出了类似的质疑。其实孩子是有这个能力的，只是常常被教师与家长有意无意地忽略了。

不知道大家看没看过黄全愈博士的《素质教育在美国》这本书，当年这本书刚一出版，就再现了“洛阳纸贵”的奇观。作者在书中谈到他的儿子矿矿在美国上小学二年级时才开始读些稍厚点的书，写些由几个长句子拼凑成的所谓的“文章”。一天，他从学校回来，一进门就缠着妈妈带他去图书馆，说是他正在做一个关于蓝鲸的研究，老师规定，所写成的研究论文至少要有三个方面的内容，而且要写满两页纸，因此他需要去图书馆找参考资料。

在妈妈的陪同下，矿矿跑了两个图书馆，借来十几本儿童图画书，全部都是关于蓝鲸知识方面的。

最后，矿矿顺利完成了他有生以来的第一份研究报告《蓝鲸》。论文共三张活页纸，订好，第一张是封面，上面画了一头张牙摆尾的蓝鲸，还在蓝鲸的前面画了一群慌慌张张逃生的小虾。在封面的左下方，工工整整地写着“By Kuangyan Huang”。中文的意思是“作者：黄矿岩”。论文含四个小题目，分别是“一、介绍”“二、蓝鲸吃什么”“三、蓝鲸怎么吃东西”“四、蓝鲸的非凡之处”。

据黄全愈博士讲，迄今他还保留着矿矿在五年级上“天赋教育”班时写的一篇研究卡通画和漫画的文章。这是矿矿通过自学完成的研究报告。所谓自学，是指自选课题，利用自学课及课外时间进行研究和学习。在研究结束之前，教师对选题及研究过程不发表任何意见，只在收集资料方面为学生提供参考意见。与矿矿上二年级时写的论文相比，这篇研究论文可以称得上非常专业了。

为什么我们的小学生不具备这种能力呢？我觉得除了我们的孩子的阅读量少以外，还有一个很大的原因，就是教师和家长忽视了学生的自主探究能力，或者没有认识到学生是具备这种能力的，在有意无意中阻碍了学生这种巨大潜能的发展。苏霍姆林斯基说过：“每一个孩子就其天性来说都是诗人，但是，要让他心里的诗的琴弦响起来。”

2. 美国华裔男孩凯孝虎14岁大学毕业

不知道大家有没有看过美国华裔男孩凯孝虎的故事，这个孩子从小在家自学，8岁读大学，11岁拿到副学士学位，14岁从加利福尼亚大学洛杉矶分校毕业。很多人认为，这么优秀的孩子一定是神童、天才。但是他对“天才”“神童”的美誉一概拒绝，坚称自己不是天才，他甚至不喜欢“天才”这个词。他说：“‘天才’只是一个单词，就像IQ（智商）一样，那是人们创造出来的数字，评估了一个方面，却忽视了成就一个人的其他因素。”凯孝虎特别强调，“我只是充分发挥自己的优势”，“每个人都有潜力变得与众不同，不过你必须发挥那种潜力”。他希望“父母能鼓励自己的孩子去摘星星”。

不是孩子不行，而是我们没有启动他“能行”的这一个潜能开关，这个开关一旦被启动，孩子就会绽放生命的精彩。关键是要让孩子成为学习的主人，而不是接受知识的容器。

3. 魏书生：让学生在快乐中自主学习

魏书生老师在给学生上课

魏书生在教学中放手让学生自主学习，他让学生就怎样对待老师布置的作业这个问题进行讨论，最后，大家一致认为：老师可以不布置作业；如果学生觉得老师布置的作业不合适，可以不写，但是学生必须给自己留定量的作业。这里所说的“定量”，魏老师有一套标准，即内容由学生自己确定，数量由大家共同确定。数量为多少呢？每天语文一页（16 开纸、500 个字算一页），数学两页，英语两页，物理半页，化学半页。教师布置的作业不超过这个量，学生自留的作业至少得达到这个量。

作业的内容由学生自己确定。对于学生而言，写哪些内容更有效，自己最有发言权。学生的作业都写有效的内容，魏书生管它叫“种自留地”。

作业历来被认为是教师约束或控制学生课余学习的一种方式，对于学生来说，这是被动的、不得已而为之的，甚至还有痛苦的感觉。其实，不仅是写作业，做任何一件事，当人们感到这是一种外在的要求时，即使自身本来就有完成此事的意愿和动力，也会把这种要求当成一种压力而产生抵触情绪，在完成的质量上难免会打折扣，而且完成过程中的心态也很难是舒展的、积极的。

魏老师放手让学生自己来设计作业，则在深层次上使学生自主学习的动力被激发了出来。当人在一种自由的状态下出于主动的意愿做事时，往往能够精益求精地完成，而完成过程中的心态也是兴奋的、快乐的，甚至是幸福的。

魏书生说：“这大概就像过去咱们种大寨田，我的身份是生产队长，‘到点了，到点了，赶快趁早下地’。我撵大家下地，让大家去种地。现在我转变身份啦，我是农业技术员，我指导学生回家好好种自己的自留地。大寨田的产量肯定赶不上自留地呀！更重要的是，学生感受到了种自留地的快乐。过去什么时候种、种什么、怎样种，都是领导说了算。现在自留地可是由自己研究决定种什么比较高产、怎么种比较高产、什么时候种比较高产，于是收成也就增加了。这样学生就觉得，自己制订学习计划、自己设计作业、互相批改作文、自己出考试题，这些事都是他们自己想做的、愿意做的。学生由被动地给老师‘扛活儿’，变成了给自己‘种自留地’。就学习效果而言，这种积极主动的学习，多了很多快乐。”

其实，学生本来就是学习的主人，只是有的时候被一些教师视作学习的奴隶了。身为奴隶会有压迫感、恐慌感，还谈什么创造性和潜能开发？即使是常规的学习，效率也不可能高。

4. 钱梦龙：“三主四式”语文导读法

钱梦龙老师

钱梦龙是中学语文界著名的特级教师，为每一位中学语文教师所知晓。

实际上，钱梦龙并非十分聪明的人。他上小学时曾留级三次，上初中时又留级一次。但钱梦龙是一个善于思考的人。初二时，他开始总结教训，探索自学的途径。为了读懂《唐诗三百首》，他特意买了《辞源》。最终，他读懂了唐诗，也产生了学习兴趣。他自读韩愈的诗文，读《古文观止》，读各种各样的书。后来，他自己也写起诗歌与文章来。无法发表，他便自己办墙报。他写的东西越来越多，也越来越好，到初中毕业时，他的学习成绩居然名列前茅，语文成绩更是独占鳌头。

原因何在？他从自己的学习实践中总结出了一条经验——培

养自学能力是学习成功的关键。

初中毕业后，钱梦龙留校任教。刚刚初中毕业的他，却能教初中的学生，真是让人不可思议。因为他善于思考，充满自信，最终他成了一名真正意义上的教师，而且是著名的特级教师。

他创造的“三主四式”（学生为主体、教师为主导、训练为主线，自读式、教读式、练习式、复读式）语文导读法在全国产生了广泛的影响。他不但教授学生知识，更让学生学会自主学习。他的学生不但学得轻松，而且可以应付各种考试，考出好成绩。就连他教的“快班”（由 37 名学困生组成的一个班）毕业时成绩也都比较优秀。

他没有因循既有的教学思路与教学方法，而是构建了一个以学生为主体的教学新框架，走出了一条适合自己的教学个性，又对广大中学语文教师具有启示作用的新路子。这种新的教学思想与教学方法，激发了学生的学习兴趣，培养了学生主动探索未知、自主解决问题的能力以及创造能力。可以说，钱梦龙在培养能应对未来社会挑战的人才方面，取得了可喜的成绩。

5. 崔其升：我的课堂我主宰

崔其升校长

被称为“农村教育拓荒者”的杜郎口中学的校长崔其升，堪称当代课堂教学改革的一位先锋人物。

崔其升从一次又一次的听课中发现，现有的接受式课堂教学，至少有半数以上的学生学无所获。从表面上看，他们在课堂上正襟危坐，认真听讲，实际上，有的学生根本没有听懂，甚至没有听，有的则漫不经心，心早已飞到了教室之外。所谓的“为了所有学生”的教育，只不过是掩人耳目的口号而已。不对这种有形无实的课堂教学进行彻底改革，对素质教育来说，则“皮之不存，毛将焉附”?

崔其升决定将课堂教学评价作为改革的突破口，将优质课的评价基点定位于学生的“动”。对此，学校制订了三条量化指标：一是课堂气氛要热烈、和谐、民主，学生敢问、敢说、敢上黑板、敢讨论，形成一种积极主动、争先恐后、紧张活泼，读、说、议、评、写贯穿始终的课堂学习环境。二是课堂活动形式要多样化，教师要采取各种各样的教学方法，调动学生的积极性，如男女生竞赛、辩论赛、小品表演、擂台比武等，都可以走进正式课堂。三是学生参与人数多、密度大，力争做到人人有份。这是课堂教学改革成功的关键。学校通过比例量化考评成绩，以参与人数除以班级人数的比例高低衡量教师教学成绩的优劣。

可是，教师在课堂上以讲为主似乎已经成为习惯，即使明晓了激发学生主动学习的重要性之后，仍然会因为“惯性运动”而滔滔不绝地讲解。2002 年秋，崔其升对课堂时间做出“10＋35”的硬性规定，即教师所讲时间不超过 10 分钟，尽量减少对知识性内容的陈述语言，同时避免与教材内容无关的陈述；学生自主活动的时间不少于 35 分钟。教师只要在一节课上讲解超过 10 分钟，即被判定为教学失败。从形式上看，只是把一节课的时间重新分配了一下，可教学理念有了质的变化。于是，崔其升所期待的

“学生动起来，课堂活起来，效果好起来”的教学景象——自主课堂：我参与，我快乐；自主学习：我自信，我成长——也就变成了现实。

到2004年秋天，杜郎口中学教师的教学理念已经发生了重大变化，教学质量有了很大的提高，学生的中考成绩跃居全县第二名，他们完全有资格品味所取得的丰硕果实了。可是，崔其升是一个永不满足的人，他的课堂教学改革是彻底的，任何影响学生自主学习的行为都被他视作“眼中钉、肉中刺”，不拔则寝食难安。在长期的听课研究中，他又发现了一个不为人们所注意的现象，就是教师一站上讲台，往往就产生了以前独霸讲坛的感觉，就会情不自禁地多讲起来。这无疑会对学生的自主学习造成影响。他认为，只要学生通过自主探究可以学会的东西，教师都不需要讲。所以，他提出了取消讲台的大胆设想，而且付诸实施。

这样一来，教室前面的讲台没有了，师生同处于一个空间。每个班级都有一幅自己的标语，如“我参与，我成长，我快乐”“课堂大舞台，人人展风采”“新课堂，我主张”“我的课堂我主宰，我的人生我把握”等，写出的是学生成为课堂的主人之后的雄心壮志以及一展才思的无限快乐。其他方面的变化更是令人惊奇：教室前后及背光面都是大黑板，教室中间是纵向排列的三排课桌，学生分组排位，面对面而坐。课堂形式也五花八门，“台上”学生或表演，或辩论，或歌唱，或讲解，或朗诵，小品、课本剧、诗歌、快板、歌曲、绘画等多种形式交相辉映；“台下”学生或蹲，或站，或坐，或跪，在地上、课桌上、板凳上挤成一团。学生想要发言几乎不用举手，站起来就说，说完坐下，另一个接着说。由于学生的参与热情很高，常常会出现两个人甚至几个人同时站起来发言的情景，这时教师也不调解，学生同时说上一句半句的，就会有人让别的同学先说。这样的课堂，没有教师的呵斥和监督，没有教师的谆谆教导，这样的课堂完全是学生的舞台，其精神之抖擞，精力之集中，思维之活跃，令所有步入课堂的听课者都为之激动不已。

事实证明，教师不讲，学生也可以学会很多的东西，这出乎教师的意料，也超乎某些专家的想象。学生一旦成为学习的主人，就没有学不会的东西，群体的智慧与个体的积极性一旦融合，便会在课堂上焕发出奇异的光彩。曾一度让学生非常讨厌的课堂，居然也能散发出如此强大的诱惑力！

于是，课堂教学发生了“三个转变”：一是学生的学习形式由“供应式”向“超市式”转变，课堂教学由“一言堂”变成了“百家争鸣”，学生由精英式的学习变成全员式的参与。学生充分发挥在知识学习中的自主性，从哪些材料中学习、学习什么，由自己做主。这一转变改变了学生被动接受知识的习惯。二是教师教学由“注入式”向“发动式”转变。教师在课堂上不能唱独角戏，要“相信学生、解放学生、利用学生、发展学生”，使课堂成为快乐享受的地方，而不是被动接受、枯燥无味的看守所。要打造“艺术课堂”，让学生享受快乐。三是课堂内容由“纯知识”向“能力、情感、价值观”转变。课堂教学要让学生把知识转化为能力，由知识生发情感，培养正确的人生观和价值观。

6. 李志刚：“和谐互助”教学策略

山东省青岛市即墨第二十八中学的“和谐互助”教学策略现在已经闻名遐迩，其实，它起源于学校时红霞老师的个人教学尝试。在长期的教学生涯中，时老师深感教师力量的单薄，即使鞠躬尽瘁、竭尽全力，仍然难以达到预期的目标。于是，她另辟蹊径，把学生分为两人一组，让学生互助学习。她给学生布置的作业很少，有时甚至没有书面作业，但是她班上学生的成绩反而最好。起初大家还不相信这是她改革教学方法的功效，而认为是因为这个班级的学生基础较好，于是又给了她一个学生基础最差的班让她带。没想到，这个班的学生的成绩很快又名列前茅。李志刚校长很有心，他看在眼里，决定在学校进行一场教学改革。他没有强制推行这种教学方式，而是鼓励其他教师去听时老师的课。听过几次课后，大家不由自主地被时老师这种高效的教学方式所吸引，于是也开始模仿。认可声渐高之时，李校长集合全校教师对这种教学方式进行研究，终于构建了适用于全校的“和谐互助”教学策略。

李志刚校长

“和谐互助”教学策略来自于一线教师的实践，蕴含着丰富的教育智慧和教学技巧，其简洁高效、一学就会的特点让它具备了强大的生命力，并产生了巨大的影响力。过去我们常说：“火车跑得快，全靠车头带。”传统教学就是这样一种“动力集中技术”，教师是火车头，带动全班几十个学生跑，尽管教师很卖力，但教学效率仍然不高，其原因就在于学生是“拖车”而不是“动车”，没有学习的动力。过去认为大班额是影响教学效率的主要原因，后来提倡小班化教学，仍然没有解决教学效率低下的问题，关键就在于还是采用“动力集中技术”，只有教师一个人有动力，而学生没有。所以，提高课堂教学效率的关键是将教学的“动力集中技术”变为“动力分散技术”。

省内外学校领导与专家观摩“和谐互助”课堂

李校长认为，我们乘坐的动车组之所以跑得快，就是因为动力装置被分散安装在了每节车厢上，运行的时候，不光是机车带动，车厢也会“自己跑”，这样把动力分散开来，就达到了高速的效果。

学校进行课堂教学改革，无非是两种方式：一是抓教师，但当学校的教师都已经很敬业、勤奋时，再抓教师工作的话，提升的空间或许还有，但已经不大了；二是抓学生，从调动学生的积极性出发，形成学习的“动力组”，那提升的空间就是巨大的。“和谐互助”教学策略就是一种“动力分散技术”。过去的课堂是教师一个人讲，教师累得筋疲力尽，学生听得昏昏欲睡，课堂教学只有教师一个人有积极性、有动力，而大部分学生没有学习的主动性和积极性，教学效果可想而知。而在互助学习中，教师讲得很少，主要是让学生自学，在自学的过程中遇到不明白的问题时，可以通过同桌互助来解决，同桌互助不能解决的问题可以请教周边“师傅”来解决，周边“师傅”也解决不了的问题由全班同学来解决，只有全班同学解决不了的问题才由教师来解决。教师退到了教学的最后一道防线，“千呼万唤始出来”。所以教师在课堂上真正讲的东西很少，更多的是组织、引导学生学习，教师的主要作用就是调动学生的学习积极性，激发学生的学习动力，让每一个学习小组都成为“小动车组”，而不是“拖车”。

以前学生学习时之所以缺乏动力，主要原因就在于教师的“好心”无意间限制了学生的动力。有的时候，因教师的讲解不被学生接受与喜欢，还会产生消极的影响。而现在，每一个学习小组都成为“小动车组”之后，就会形成一个巨大的动力系统。从表面上看，教师讲得少了，似乎动力小了，其实不然。教师虽然讲得少了，可是都讲到了关键之处，产生的动力很大，而且有效地激发了学生的动力，学生说得多了，思维活跃了，所以也就有了远远超越教师一个人讲的动力。其实，不管是教师还是学生，都有着巨大的生命潜能，教育教学的精妙之处，就是发现与挖掘这种潜能，让生命展现出其独特的魅力。当师生的这种潜能被激发之后，他们就会更加自信，就会更能体验到教与学的美好，课堂教学也就抵达了高效的境界。

7. 王祥高：教育是为了学生的一生幸福

王祥高校长

四川省蒲江中学实验学校的王祥高校长曾经创造过同时当四个班的班主任的记录。我问他累不累，他说就是玩儿啊，只要学生学习的积极性和主动性被充分调动起来，潜能充分发挥出来，教学其实就很简单了。果然，他“玩儿”一样教的四个班的学生不但学得快乐，而且成绩非常好。

2012 年，在上海市金山区召开了一个“幸福教育”论坛，我应邀前去讲课，王祥高校长以及他曾经教过的一个学生也被邀请去讲课。他的这个学生叫向勇，是哈佛大学的博士，研究新能源，现在在世界上也有一定的知名度。

1993—1996 年王祥高教高中的时候，有一位教师因为年龄大，身体不好，教学方法也比较传统，所以教学质量不高。可王祥高发现，班里有一个叫向勇的学生特别好学，成绩也格外优秀。于是，他做通了那位教师的思想工作，让向勇走上讲台给学生讲课。很快，全班学生的学习热情高涨起来，成绩突飞猛进，结果那个班成为全年级高考成绩最好的班级。向勇后来成了美国哈佛大学的硕士研究生，而且只用一年时间就完成了学业，继续攻读博士。毕业之后，向勇成为美国英特尔公司总部的一位中层领导。每年回国，向勇都要拜访他的老师王祥高。这次他之所以到上海参加这个论坛，也是应王祥高的邀请而来的。向勇说，如果当时没有走上讲台讲课的经历，他就没有今天的成就。

向勇走上讲台这件事给了王祥高更多的启示，他想：能不能让更多的“向勇”走上讲台？他发现，很多学优生在教师讲第一遍知识的时候，已经基本明白了。可是，教师为了照顾没学懂的学生，就一遍又一遍地讲，使得这些学优生越听越烦，越听越不想听，就转而去关注别的事，一旦被“眼明心亮”的教师发现，就免不了挨批评，甚至在同学们面前没了尊严。结果，绝大多数聪明的学生都成了教师眼里的调皮鬼，最终成为学困生。王祥高甚至认为，不少学困生是教师讲出来的，或是教师批评出来的。谈起这些问题，王祥高甚至有点儿愤怒。

他决心解放这些聪明的学生，让他们大胆地走上讲台。他甚至对教师讲，这些学生比教师强，让他们当“小老师”，会比教师讲得更好。此语一出，全校哗然，教师们甚至说王祥高有点儿“胡言乱语”，现在学生还在学知识的阶段，难道能比教师强？

“是的，他们比你们强！”王祥高一点儿也不退让。他在大会上讲了这样一番道理：其一，学生大多可以考上重点大学，可不少教师没有考上。其二，学生在讲的时候可能存在问题，但教师可以去帮他们纠正；而教师讲错之后，学生大多不好意思提出来。学生讲课时，全班几十个学生一方面在听“小老师”讲课，另一方面也在“吹毛求疵”。所以，这样的课堂即使有点儿问题，也逃不出大家的“火眼金睛”。其三，俗话说：“三个臭皮匠，顶个诸葛亮。”全班几十个学生全都参与到教学中来，其整体水平必然超过一位教师的水平。学生参与其中，由被动听课变成了主动学习，注意力也会高度集中，学习效率也就自然而然地提高了。

教师们对此半信半疑，但当学生走上讲台之后，教师们惊诧万分！那些在教师看来学习成绩并不佳的学生竟然能在课堂上滔滔不绝，而且言之成理，大有“弟子不必不如师”的况味，于是，整个课堂活跃了起来，告别了死气沉沉的气氛，迎来了热火朝天的新气象。

但有的教师又说，热闹不能代替成绩，分数才是硬道理。是的，不光教师看重分数，学生也看重分数，家长更看重分数。开展素质教育也不能不要分数。于是，王祥高又提出一个观点：没有检测的课堂不是好课堂。检测的结果令教师们又大吃一惊：学生的成绩比原来还要好，特别是学生掌握的知识更加牢固，有的学生甚至可以做到举一反三。

学生的潜力是巨大的，而很多教师漠视了这种潜力。教师的越俎代庖，使学生的这种潜能一次又一次地遭到打击，于是，潜能进入睡梦之中，最终走向死亡。

事实证明，教师如果能够把学生的潜能充分激发出来，而不仅仅是简单地传授课本知识，如果能够相信学生拥有消化知识并传授知识的能力，而不仅仅是用简单的教与学来界定师生关系，学生潜在的学习动力就可以得到显著的增强。对于教的学生而言，要将自己知道的知识传授给同学们，必然需要对知识进行吸收与转化，其效果是对知识的深度理解和高度掌握；对于学的学生来说，则可以达到更好的吸收效果，并可以建立自信心。学生学习的积极性与主动性被激发起来后，课堂便会成为汲取知识的场所。教会和学会是不一样的：教师教会学生，学生是被动性地接受；学生自己学会，则是主动的行为。被动与主动的效果，尤其是长期效果，有着天壤之别。其实所有的教师都会有这样的体会，为了让学生学会，自己在教学时除了要了解并吃透教学内容外，还要以语言的组织、大局的掌握、概念的熟练应用等为依托。那么学生经过这样的学习训练，对知识的掌握就不仅仅是学会这么简单了。所以，要真正让学生发挥出自身的巨大潜能，之后，我们再追求课堂教学的高效就简单了。

8. 李明尚：创建“精彩主持”课堂

山东省泰安市泰山区省庄镇第二中学（以下简称省庄二中）的李明尚校长认为，学生有80%以上的有效生活时间是在学校，其中约80%的有效学习时间是在课堂，学校要抓主要矛盾，就是要抓好课堂效率。应该说，课堂教学是学校的生命线。课堂上有教师和学生两大角色，究竟以谁为主体，要看谁是课堂的最大受益者。很显然，让学生主持课堂、主宰课堂，做课堂的主人，应该是比较理性的科学定位。省庄二中的课堂教学改革，就体现了以学生为主体的教学理念。

我在听课的时候可以感受到，他们的学生已经真正成了课堂的主人，而且表现得异常出色。以前的课堂没有如此精彩，以前的学生也没有如此活跃，难道是因为以前的学生没有这种能力吗？非也。是因为当时教师的思想没有解放，当时教师没有放手将课堂还给学生。所以，先要从思想上解决问题。习惯了以讲为主的教师，往往不相信学生能够主宰课堂，有的教师则是因为受利益驱动，受急功近利思想的影响，而宁肯走弯路、走错路，“执迷不悟”。也有些教师对待学生就好比有些家长给一两岁的孩子喂饭一样，非得追着喂才觉得是对学生好。中国的教育存在这样一种状况：家长、教师总是把好心强加在孩子的身上，不管他需不需要，不管他愿不愿意，为了高考、中考，全社会不断地给教师加压，教师又通过变相地压迫学生分散自身的压力，于是学生反而成了最有压力的一方。

李明尚校长

其实，家长、教师真正担心的是如此改革会不会影响学生的升学考试成绩。他们认为，教师苦口婆心地讲解，学生尚且不能学好，考不出好的成绩，让学生取代教师，一旦成绩下降，谁来承担这个重大的责任？说到底，还是应试教育在作怪。但事实证明，让学生走上讲台之后，他们的考试成绩非但不会下降，反而能够迅速攀升。省庄二中的课堂教学改革不但解决了学生应考的问题，还培养了他们敢于探索未知的能力，甚至是终身发展的能力。直到这时，大家才认可了这种改革。尽管这种认可是低层次的，不是从人的生命成长层面来考虑的，而是着眼于应试层面。

李明尚说，课堂本来就是学生的，改革就应当把“该是谁的还给谁”。为此，他针对应试教育的弊端，提出了“把课堂还给学生，把时间还给学生，把学习还给学生”的主张。这种主张也反映了学生的真实想法，“精彩主持”的课堂改革就源于此。

“三个还给”的精神实质是充分相信学生的能力，让学生愉快地学习、健康地成长。当学习成为学生自主、自愿而又感到快乐的事的时候，学习高效也就不求自得了。对于这么一个简单的道理，很多人却一直心存怀疑。“大道至简”，让复杂的问题简约化，于是，“精彩主持”课堂应运而生。

“精彩主持”课堂有几个要义：（1）从思想上说，学习是学生自己的事，任何人都替代不了，越俎代庖、揠苗助长只能把事情搞得更糟；（2）“精彩主持”的态度和目标就是帮助学生学会学习，这是教师的重要职责；（3）“精彩主持”的方法就是课堂以交流成功的学习经验、方法和智慧为主，以传授知识为辅，课堂生态要遵从平等、民主、自由、公正的法则，尊重是教学的前提；（4）“精彩主持”的表现形式是教师走下讲台，成了“助产士”和“催化剂”，学生走上讲台，成了课堂的主人；（5）“精彩主持”的结果是“还”，是解放学生、解放教师，使学生更像学生、教师更像教师，达到“教是为了不教，管是为了不管，让人人做最好的自己”的效果。

要想“让人人做最好的自己”，就要变讲堂为学堂。看看孔子与学生之间的关系，真是学生更像学生、教师更像教师。孔子主张让学生发表自己的意见，大多时候他只是点拨几句，不过，是真正意义上的“点石成金”，有时从学生那里受到启发，还会及时予以表扬。孔子的教学是自由的，学生的学习是幸福的，所以才有了“弟子三千，贤者七十二”的景象。

李明尚认为，当我们发现“高效的学习就是糅合视、听、嗅、味、触以及第六感觉的作用，合理而协调地收集、加工、处理信息”的时候，当我们惊喜于一次有效的展示和主持，就可以满足学生表现自己成功的一面的愿望，消除学生“我不行”“我不能”及怕犯错误的恐惧心理的时候，受激发的就不仅仅是学生了，还有教师，还有因“发现新大陆”而狂喜的我们。激发，会让每一个人都变得更加自信，会让每一个人都能够在主持、主讲中找到做主人的感觉，都能够因为主人的身份学会担当，会让每一个人的生命分外精彩。

学习不只是听，因为只是通过听生成有效信息的比例比较低，所以，还需要视、听、嗅、味、触以及第六感觉共同作用，特别是需要自己讲。我发现，听会与学会不一样，学会与会讲不一样，会讲是最容易生成学生自己的东西的。“精彩主持”课堂就是要让学生去讲，让学生在讲中体验会学、乐学的幸福，在讲中产生“我能行”的自信。学生精彩的讲令教师们惊喜不已，真正体会到了“师不必贤于弟子”的感慨与激动。

学生找到做主持人的感觉之后，不只享受到了成功的喜悦，还自觉形成了责任意识，因为他们当了“小老师”之后，就有义务将学生教会甚至让他们会学，这种担当意识往往比会讲更有价值，这对于他们未来的发展具有不可低估的作用。

9. 信金焕：让每个学生都考上重点大学

在 2012 年高考中，河北衡水中学语文教师信金焕带的班的学生的平均分为 659 分，其中升入清华大学的有 11 人，升入北京大学的有 2 人，升入上海交通大学的有 13 人，升入浙江大学的有 4 人，升入中国人民大学的有 4 人，升入天津大学的有 6 人，升入对外经济贸易大学的有 3 人，升入北京航空航天大学的有 3 人，升入南开大学的有 3 人，升入中央财经大学的有 2 人，升入中国石油大学的有 2 人，升入哈尔滨工业大学的有 2 人，升入香港城市大学、同济大学、中国科技大学、北京科技大学、吉林大学、华北电力大学、武汉理工大学、中南大学、大连理工大学、北京理工大学、北京邮电大学、西安交通大学、长安大学、北京交通大学、北京中医药大学、中央民族大学的各1人。董傲同学在第23届国际生物奥林匹克竞赛中夺得金牌，实现了河北省在国际生物奥林匹克竞赛上金牌零的突破。

信金焕老师

信金焕老师的教学水平非常高，她是著名特级教师、河北省语文学科名师，曾获“全国三八红旗手”、河北省第五届“十大女杰”“燕赵百名优秀女性”等荣誉称号，被评为河北省“三三三人才工程”第一及第二层次人选、河北省中小学幼儿园骨干教师、衡水市优秀班主任、衡水市学科带头人、衡水市优秀教师、衡水市语文学科名师等，多次在国家级、省级等大型会议上做经验报告，多次受邀到河南、贵州、云南、浙江、黑龙江、安徽、山东等地讲学。她担任主编正式出版了《花开的声音》《那些花儿》《从衡水中学走向清华北大》，担任副主编出版了《教师工作手册》《班主任工作手册》。2010年3月6日，在纪念三八妇女节100周年大会上，作为河北省唯一的妇女代表，她在人民大会堂受到了党和国家领导人的接见。

如此有名的语文教师的课，精彩自不必说，但有一次，一个学生讲的课却超越了她。

一次，信金焕老师要出差，这意味着又要让别的教师代课了。她转念一想：这次是不是可以创新一下，把课堂真正还给学生？他们已经是高二年级的学生了，完全可以锻炼一下。她把这个任务交给了班里一个叫张弛的学生。当张弛被告知在信金焕老师出差期间让他代课时，他先是一愣，马上变得很兴奋，欣然同意了。

出差回来后，信金焕老师得知，张弛“老师”的课——《归去来兮辞》讲得非常成功，甚至有的学生觉得他比老师讲得还好。虽然作为教师，被学生超越了，觉得面子上有点儿过不去，但她仍然为学生的创造力由衷地感到高兴。

我们不妨看看同学们的感受：

“刚知道《归去来兮辞》这篇课文是张弛给我们讲时，我真的感觉不可思议。但一上课我们的顾虑就全消失了，他旁征博引，语言幽默风趣，很快就吸引了我们。尽管是初出茅庐，但张弛对课堂的驾驭能力让我佩服得五体投地。”

“一句话，这几节课很精彩！张弛不是老师，却胜似老师；不是老师，但又超越老师。”

张弛则说：“我站在讲台上时，除了兴奋和紧张外，更多的是胸有成竹，根据课前制订的方针，我坚信自己能够上好这三堂语文课。”

信金焕老师的教学水平很高，她被人们称为“金不换”，可还是被学生超越了。这说明，学生的授课水平能超越一般教师是完全可能的。信金焕老师给了张弛同学教学的自主权，使他内在的潜能被激发出来了。张弛不但备课极其努力，而且讲课时更投入了精力和热情。特别是对如何吸引同学们更多地参与到他的课堂中来的问题，他进行了深入的思考与研究，并制订了授课的方针——让同学们活跃 40 分钟，用更多的热情激发听课者进行思考。

我们从张弛的教学中看到的不只是热情，还有智慧。其实，每一个学生都有热情与智慧，如果教师将更多的时间和空间留给学生，让他们充分展示自己的才华，高效的课堂教学一定会出现超越教师想象的奇观。

第二讲

小组合作学习

——让学生在互助中发掘潜能

著名作家柏杨有一本名为《丑陋的中国人》的书，这本书里面有一段话，尽管让我们听起来会不高兴，却值得我们反思。他说，一个日本人是一头猪，三个日本人是一条龙；一个中国人是一条龙，三个中国人是一头猪、一条虫。

对柏杨之言，有的人赞成，有的人反对。但有一点是值得我们注意的，那就是有些中国人有一个不好的习惯：容许不认识的人、远方的人升官、发财、出名，但是不容许自己的同事、朋友成功，一旦身边的人突然变得了不起了，他就受不了，因为他觉得身边的人成功了，显得自己很失败。于是用上各种阴暗的手段，为的就是让对方的处境跟自己一样甚至比自己差，这样才心理平衡。我就遇到过这样的事情，好在我心态好，坦坦荡荡，对所有的攻击与诽谤一律不予理会。正如古人所说："何以息谤？曰无辩。"古人总结出的对付谣言的办法就是沉默。迎头痛击虽然有效，但总不如沉默躲避好。就如迎面飞来一块石块，你侧脸躲开，它未击中目标便落地了；如果用手去挡，虽然你的脸未被击中，但如何能保证你的手完好无损呢？

我非常欣赏《周易》中的一句话：“二人同心，其利断金；同心之言，其臭如兰。”意思是说，同心协力的人，他们的力量足以把坚硬的金属斩断；同心同德的人发表一致的意见，说服力强，人们就像嗅到兰花的芬芳，容易接受。这道出了合作的重要意义，合作才能共赢当是一条铁律。

大自然中有这样一种现象：一株植物单独生长时，会显得矮小、单调，而与众多同类植物一起成长时，则会根深叶茂、生机盎然。人们把植物间这种相互影响、相互促进的现象称为“共生效应”。事实上，我们人类群体中也存在“共生效应”。1901—1982 年，英国卡迪文实验室先后产生了 25 位诺贝尔奖获得者，这便是“共生效应”的一个典型证明。

那么，如何让中国人也产生优质的“共生效应”，也具有良好的合作意识呢？柏杨认为，中国人喜欢“窝里斗”，没有合作意识是中国人的劣根性，无法解决。其实，我觉得是我们的学校教育出了问题。教师只是教授学生知识，没有告诉学生合作的重要性；学生只是独自奋斗，而且不希望别人超过自己。在学生最容易形成合作品质的十多年间，学校没有为学生建立形成这种品质的教学机制。因此，我们在研究高效教学的时候，就应当深刻地反思现行的教学，并有效地培养学生的合作品质。

合作对于课堂教学来说极其重要，主要包括学生与学生之间的合作、教师和教师之间的合作、学生和教师之间的合作。只有打破课堂是“教师的天下”的传统教学格局，形成一种合作的氛围，才能实现真正意义上的高效教学。

因此，教师必须明确自己所承担的责任、义务——使学生从小学会合作，根除所谓的“窝里斗”的劣根性，通过教师间的合作对学生产生积极的影响，使学生体会到合作的美妙，从而效仿。

很多学生上了十几年学却患上了失语症，不会表达自己的见解。为什么用语言表达自己的想法这种基本的能力萎缩了呢？因为他们在这十几年中，大部分时间是在课堂上度过的，而传统的课堂又是以教师讲课、学生听课为主要教学模式，学生的语言表达能力无法得到充分锻炼。

虽然学生每天都在学校学习大量的知识，但是对知识的牢固掌握更多地来源于熟练而准确地输出。因为知识输出是一个再度或深度思考的过程，在这一过程中，可以验证输入及输出内容的准确性，提高自己的思辨能力。很多问题的答案不是唯一的，准确表达自己的观点，让问题的答案更加多元化，也是让输入更加丰富的有效途径。表达是体现学生独立思考能力的最佳途径，因此，不要剥夺学生说话的权利。小组合作学习就是让学生在小组内部通过交流与争论来完成课题，使学生有了表现与展示的机会。

任何一个学生，如果没有展示的机会，也就没有学习动力。教师也是如此。学生取得良好的成绩，最好在大家面前讲讲，讲的过程既是总结成果的过程，又可以通过讲来促进新的思索，产生继续学习的动力。学生在小组内大胆表达自己的想法，这正是提炼知识和锻炼能力的最好的方式。

于是，小组合作学习组织也由此应运而生。那么，小组合作学习的形式究竟有几种？其内涵与外延是什么呢？

一、同组异质

同组异质是常见的合作小组形式。就全班而言，是同质异组的，即小组不同，但各个小组学生的学习水平高低的组成是相对一致的；就每个小组而言，是同组异质的，即同一小组内学生的学习水平高低不同。

至于一个小组有多少人，不同的学校有不同的分法。比如，山东省青岛市即墨第二十八中学将两个学生分为一个小组，一个学习好的学生被称为“师傅”，一个学习差一些的学生被称为“学友”。有的学校则是由三个、四个、五个、六个等不同数目的学生组合而成。

据山东省青岛市即墨第二十八中学的李志刚校长讲，他们的教师绝对不敢在课堂上体罚学生，而有的被称为“师傅”的学优生可不管这些。一次，一个女生在辅导一个男生学习的时候，感到“孺子不可教也”，一气之下竟然拧了那个男生的耳朵。令李志刚校长感到意外的是，那个男生非但不“上诉”，反而笑着请“师傅”高抬贵手，而且保证用心听讲，尽快学好。于是，那个女生才释然一笑，继续认真地实施她的教学计划。

当问及那个男生何以被拧了耳朵依然不心存怨恨时，他说：“‘师傅’全是为了把我教会，她是恨铁不成钢。再说了，我们都是学生，而且她还是女生，我得有点儿男士风度啊！”说完，他“嘿嘿”一笑，又向那个女生求教去了。

由此可见，学生之间心灵是开放的。教师拧学生耳朵，那属于体罚，然而，学生由于年龄相近，即使一方“动点手脚”，另一方也不会认为是有意进行体罚。

山东省乐陵市实验小学在探索合作学习的时候，特别关注了学习型组织的建设。利用组织来进行学习合作，还是进行合作性学习，两者意义大不相同。利用组织合作形式进行有效教学，是学习型组织的根本属性；在学习过程中增强合作意识，探寻合作途径，只是学习组织的“副产品”。当然，强调学习并不是不要合作。小组成员的学习态度、组内交流的严肃性、分工负责人的权威性、角色的分工转化等，都可能影响合作的效率，合作的基本问题得不到解决，学习效率也就无从谈起。学习组织内信息交流、汇集、整理的过程，既是思路方法的学习、训练过程，也是学会倾听、学会表达、学会分享的成长过程，所以，分工是手段，学习是目的。

没有组织，真正意义上的合作就不复存在。充分发挥组织的作用，就可以取得合作学习的预期效果。所以，组织不是随意建立的，而是在深思熟虑之后形成的。借助这一组织，大家通过合作，才能在单位时间内提高学习效率。从某种意义上说，组织在建立之初就是直指高效学习这一目的的。

这种同组异质的小组合作学习中采取的评价方式基本上都是捆绑式的评价，也就是说，教师一般不评价个人，而是评价小组的整体表现。这种评价方式让小组成为一个整体，组员一荣俱荣，一损俱损，因此每个组员都会积极为小组争光。比如，在四人小组当中，有 A、B、C、D 四个能力层级的学生，A 是学习最好的，D 是学习最差的，教师提问的时候，如果 A 回答可以得 2 分，B 回答可以得 4 分，C 回答可以得 6 分，D 回答则可以得 8 分。这样的评价方式，可以鼓励每个小组成员全力参与合作学习，学习最差的为了不拖小组的后腿，也会积极地行动起来，从而提高学习效率。

在这样的评价方式下，学习好的学生为了让小组多得分，也会主动地帮助学习差的学生。也许有人会问：这样会不会影响学习好的学生的成绩啊？恰恰相反。因为自己会了跟讲出来不一样，讲出来跟教别人学会又不一样。教师们都有一种体验，那就是要想把知识真正地教授给学生，自己首先就要把知识彻底吃透弄懂才行。所以学习好的学生在给学习差的学生讲解知识的时候，相当于自己又巩固、深化了一遍对知识的理解，因此他的成绩只会越来越好。

这种小组合作，还会在参与者的心里形成一种积极的思维定式：学习好的要帮助学习差的，学习差的要感谢帮助自己的人，自己也要好好地学习。学生自然而然地增强了合作意识，也渐渐形成了分享、互助、感恩的思想品质。

二、同组同质

同组同质是指同一小组内学生的学习水平相差不大，即学习好的学生与学习好的学生组成一组，学习中等的学生与学习中等的学生组成一组，学习不好的学生与学习不好的学生组成一组。这也是合作学习的重要形式之一。目前，采用这种小组合作形式的学校尚不太多。

前面已经谈到同组异质合作学习的诸多优势，可是，如果天天如此，每课如此，有的时候学生会因缺少新鲜感而降低学习效率。那些学习好的学生始终处于指导者的位置，难有高手与之形成思维碰撞；学习差的学生则始终处于被指导者的位置，难有突破的可能。

所以，在教学中采用同组异质的合作形式的时候，也要适当地运用同组同质的合作形式。这种组合一般有两种形式：一是固定的；二是不固定、随机形成的。比如，总复习的时候，教师很难照顾到各个层次的学生。如果所复习的内容是学习好的学生需要的，则学习中等尤其是学习差的学生则有可能如听天书，不知所云；如果复习的内容只是学习差的学生所需要的，学习中等尤其是学习好的学生则感到浪费时间；如果只是关注学习中等水平的学生，学习好的与学习差的学生都达不到复习的预期效果。此时，如果采取同组同质的合作学习形式，就可以让不同学习水平的学生各得其所，让因材施教成为可能。教师可以同时呈现三个层次的组合性复习内容，让不同学习水平的学生寻找同质学生一起学习，从而达到各取所需的目的。那些在同组异质合作学习中一向以老师身份指导其他同学的学生，既有可能继续保持独领风骚的优势，也有可能成为被指导者。不过，由于大家都是站在相对比较高的水平起点上，研究探讨的层次自然也就会高，棋逢对手，不但思维会拓展开来，情绪也会高涨起来，学习效果当然也就更佳。原来处于被指导地位的学习比较差的学生在新组合成的小组里则有可能成为学习最好的学生，来指导其他学生学习，角色的转换激发了他们想要在这个新环境里一展身手的愿望，促使他们急起直追、奋发向上。如果最终能脱颖而出，他们就会产生自豪感与自信心，从而保持良好的学习态度。

也许会有人提出疑问：随机分成同组同质合作形式的小组开展学习活动，会不会需要很长时间，浪费学习时间？学生能否在新组合成的小组内畅所欲言？

其实，解决这些问题并不困难，学生的可塑性非常强，尤其是对于具有新鲜感的学习形式，他们有一种天然的好奇心。再加上教师对学生这种学习方式的适当训练，这些问题也就迎刃而解了。

我在广西壮族自治区玉林市玉州区东环小学听梁佳妮老师讲课时发现，从她一声令下要求学生分组开始到分好组，学生只用了不到 10 秒钟时间，而结束这种分组学习形式，不到 10 秒钟学生就都已各归其位。学生行动迅速，简直如战场上训练有素的战士。

在采访梁佳妮老师的时候，她兴奋地说，开始采用这种学习方式的时候，是需要对学生进行训练的。当学生习惯了这种分组学习，而且以此为乐的时候，也就有了快速有序的组合景观。在这种分组学习中，学生的思维是全面开放的，所以，学习效率特别高，学生不但增强了合作意识，还养成了良好的合作习惯。比如，有学生发言的时候，其他学生会注视着发言人，静心听，认真记，做到了真正意义上的倾听；学生有不同意见，会各抒己见，出现了“有弗辨，辨之弗明，弗措也”的可喜现象。

三、多组合一

不管是异质组还是同质组，学生都是在同一个小组内讨论，人数也不会太多。多组合一合作学习形式则不然，它是教师根据教学的需要，将单独的小组讨论升级成几个小组共同探讨问题的更高层次的一种合作学习形式。比如，两三个甚至四五个小组临时组成一个新团队，选出这个新团队的组长，一般的做法是原小组几个小组长商量甚至竞争后推选出新团队的组长。新组长根据原来几个小组讨论的议题，总结梳理出新的更有价值的议题或原来小组内没有解决的关键性问题，在这个新团队内开展讨论与研究。

在这个新团队中，一般要由有一定水平的学生来做发言人，而且要随时准备回答团队成员提出的疑难问题。必要的时候，可以请教师参与其中。不过，学生可以认可教师的观点，也可以不同意教师的意见，“当仁不让于师”成为新团队的一个亮点。当出现韩愈所说的“弟子不必不如师，师不必贤于弟子”的情况时，教师一定要有宽广的胸怀，对不同意教师意见的、有自己见解的学生给予真诚而热烈的表扬。

新团队对组长的要求尤其高，在讨论问题的过程中，他不但要有独特的见解，还要有较强的组织协调能力以及营造和谐自由的讨论氛围的能力。衡量其成败的一个重要指标是在有限的时间里能否有效地解决关键性问题。因此，他还需要具备控制局面的能力。

新团队特别强调合作精神，每一个参与者都具有平等的权利，同时，每一个参与者都要尊重其他同学，尤其是有不同观点的同学，在他们发言的时候，要耐心听，如果对方的观点是对的，自己的观点是错的，要认可对方、表扬对方。

如果新团队的组长选得好，大家又都能投入其中开展合作学习，就会收到特别好的效果；如果团队合作组织得不好，一些学生不能有效地参与其中，就有可能出现事与愿违的情况。所以，没有一定的准备，没有相应的训练，一般不要采取这种学习方式。

需要说明的是，这种多组合一的合作学习形式，可以由几个同组异质小组组合而成，也可以由几个同组同质小组组合而成。在合作学习中，既要遵循同组异质或同组同质合作学习的规则，又可以有升级的特点，不只是人数的升级，更有组合速度的升级，尤其是研究问题质量的升级。

美国缅因州国家训练实验室的研究成果——“学习金字塔”理论证明了这种学习方式的有效性，这是一种现代学习方式的理论，最早是由美国学者爱德加·戴尔在1946年首先发现并提出的。

“学习金字塔”研究成果显示：塔尖的第一种学习方式——“听讲”，也就是教师在讲台上说，学生在下面听，这是我们最熟悉且最常用的方式，学习效果却是最低的，24小时以后只能记住5%的学习内容；第二种是“阅读”，采用这种方式可以记住10%的学习内容；第三种是“声音、图片”，采用这种方式可以记住20%的学习内容；第四种是“示范”，采用这种方式可以记住30%的学习内容；第五种是“小组讨论”，采用这种方式可以记住50%的学习内容；第六种是“做中学”或“实际演练”，采用这种方式可以记住75%的学习内容；最后一种在金字塔基座位置的学习方式是“教别人”或“马上应用”，采用这种方式可以记住90%的学习内容。

上面我所谈到的三种合作学习方式，都不同程度地具有“示范”“小组讨论”“做中学”“实际演练”“教别人”“马上应用”的特点，所以，学习效果都远远超过教师一个人讲、学生听的学习方式，同时，上面介绍的三种合作学习方式还有助于学生合作意识的形成，而且这种意识还会向其他方面延伸，甚至伴随学生的一生。特别是在当今这个讲求合作共赢的社会，没有合作意识的人，是不可能取得真正意义上的成功的。学生在学习当中形成了这种合作意识之后，在其他的地方也会体现出合作精神。一个会合作的人，未来走上社会后获得成功的概率也会大大增加，因为一个有向心力、有共同理想的团体在和谐的合作环境中会创造出惊人的成绩。

第三讲

大课程大教材

——有效拓展生成教学新资源

有一个问题需要我们思考：教学改革的目标仅仅是实现课堂高效吗？如果只是在课堂这一个层次反复徘徊的话，我认为这样的改革还是低层次的，尚处于改革的初级阶段，要往深层走，以真正达到高效教学的境界，还需要解决一个大问题，那就是大课程大教材。

一、大课程大教材观下的文本内容

大课程大教材观下的文本内容是非常丰富的，除了传统意义上的教材（即课本）外，还有其他形态的文本内容，如图书或报刊等，这些也属于学习的教材。看电影也是一种学习，因而电影也算一种教材。还有上网查找资料、阅读信息、浏览网页等也是一种形式的学习，因而网络也是教材。这诸多形式的非课本教材对课本知识起到了拓展、巩固与深化的作用。面对如此广泛的文本形态，我们不应当再把教材局限为单一的课本，而应当把教材扩展为更加丰富的文本。

所以，教师传授给学生的知识和学生自己所学的知识不应是固化的单一形式，而应是多样化的。也就是说，教师只有给学生提供大课程与大教材，才能培养出未来真正有用的人才。

1. 韩兴娥的“海量阅读”教改实验

韩兴娥老师

2005年，我采访了当时在山东省潍坊市潍城区青年路小学当语文老师的韩兴娥。我为什么要采访她？因为她采用不同于一般语文老师的教学方式。每学期，她仅用两周时间就把一册小学语文课本教完，然后带领学生学习《中华上下五千年》《论语》《老子》等这些文化经典。

我去听她上课，她给了我一本《中华上下五千年》，说：“陶老师，这是我的班本课程，我们已经学完了前六篇文章，您从后面的内容中任意选一篇吧。”我选了《鸿门宴》。大家知道，《鸿门宴》选自司马迁的《史记》，当然《中华上下五千年》中的《鸿门宴》不是原文，只有前面一小段是文言文原文，大部分是翻译出来的很优美的散文。

当时，她只用了12分钟便教完了这一篇文章。在这12分钟里她都做了些什么呢？主要是以学生活动为主，让学生讲，然后让学生背诵前面一小段文言文，了解刘邦、项羽的性格特征，《鸿门宴》的故事情节及艺术特色。她又说："陶老师，您再选一篇文章吧。"我翻到《楚汉之争》让她讲，她又只用了10多分钟就讲完了。于是，我又选了《古诗三首》，结果，她又只花了十几分钟就轻轻松松地讲完了。下课后，我随意找了几名学生，想了解一下他们的学习效果，令我惊讶的是，课上学习的两段文言文和三首古诗他们都会背，文章的大体意思他们也都知道。

语文学习不就是要达到这样的效果吗？现在的语文教学普遍存在这样的问题：教师反复讲解一篇浅显的白话文，翻来覆去地解释字词的意思，甚至要求学生死记硬背，但学生并没有真正理解和掌握。本来在一定语境中学生可以轻松理解的知识、靠自己学习就可以轻松掌握的知识，教师却一再重复讲解。这样的教学，怎能不让学生厌烦？作为教师，要教给学生的不仅是知识，更重要的是学习知识的方法与能力。我在山东省曲阜师范学校教书的时候，就明确告诉学生学习字词时不用背解释，只要懂意思就行了。学习的目的是应用，而不是用大量宝贵的时间去死记硬背那些没有多大价值的东西。

当然，这并不是说不需要背诵，相反，如果可能，还是要大量背诵一些东西。背诵什么呢？背诵一些真正的经典。对于教师来说，没有对大量经典文本的阅读乃至背诵，不可能形成自己的思想和话语，其教学也将会味同嚼蜡。

2007年7月，在山东省潍坊市召开的"全国名家人文教育高端论坛暨名师课堂研讨会"上，韩兴娥老师带着二年级的学生上课，在让学生现场背诵了不少经典内容后，韩老师请在座的校长、教师向她的学生任意提问。当时连续有6位校长、教师提了问题，结果这些二年级的学生不仅从容作答，而且都给出了很机智的回答，甚至还旁征博引了《楚辞》《史记》《论语》等经典中的很多例证，令所有在座的校长和教师目瞪口呆。

韩兴娥老师坚持的“海量阅读”教改实验的确让人惊叹。有趣的是，她的学生还将所读过的与所了解的书目连缀成文，令教师与家长拍案叫绝。如魏榕同学的《书名联串》：《大卫·科波菲尔》诞生在《呼啸山庄》，《母亲》的去世使他成了《雾都孤儿》，他在《童年》《在人间》《我的大学》经历了《罪与罚》，付出了《孤星血泪》，逐渐对这个《悲惨世界》产生了《傲慢与偏见》。后来，《唐·吉诃德》成了他的《漂亮朋友》，他经历了《战争与和平》《红与黑》《阴谋与爱情》以后《复活》了，懂得了《热爱生命》，明白了《钢铁是怎样炼成的》，不懈地《追求》，使他终于成为《英雄恺撒》式的人物，并由此赢得了《上尉的女儿》的爱情，在《神奇的花园》，他接过《珍妮姑娘》送来的《麦琪的礼物》，满怀《理智与情感》，参加了《青年近卫军》，开始了新的《一生》。

韩兴娥老师的教改并不是一帆风顺的，她刚开始进行“海量阅读”实验的时候，很多家长联名反对，认为她两周就教完一册课本，而且不布置任何与课文相关的作业，简直是胡闹。她顶着压力坚持了下来，结果半年以后，很多家长都想把孩子转进她的班。当时正值学校周边小区拆迁，班里不少学生虽然搬家了，家长们却仍然选择在学校附近租房，就是想让孩子仍然跟着韩老师学。几年之后，这些参与“海量阅读”实验的学生升入高中，成绩名列前茅。

这是为什么呢？因为她的学生在完成课本内容的学习之外，有了大量的时间和机会去汲取课本以外无限的知识和智慧。一个人的优质语感是在小学阶段形成的，而优质语感的形成又依赖于大量的语言文字的输入，这其实就是大教材观念。唯有大量文化经典的输入，方能培养出真正具备语文能力的人才。

2. 陈琴的经典“素读”课程

陈琴老师

陈琴原是浙江省杭州市富阳区永兴学校的语文特级教师，2015 年被浙江师范大学聘为教授。

陈琴是经典“素读”课程创始人，被中华吟诵协会聘为吟诵教学指导教师，其独创的吟诵教学法被众多语文教师所效仿。她在《中国教育报》《人民教育》《中国教师报》等报刊上发表教育教学类文章百余篇，出版了全面诠释经典教学法的个人专著《经典即人生：文字是修正灵魂的良药》，主编了《中华经典素读本》、中国第一套吟诵教材《我爱吟诵》和《汉字里的故事》《中华诵·经典素读教程系列》丛书等。她率先把经典“素读”的理念引入当下的小学语文课堂，探索出一套将现行教材与经典课程有效整合的模式，创设了经典“素读”课程，在新加坡及全国各地讲课、做报告百余场，被多个教育局、多所学校聘为课程指导教师。她的学生经六年的经典“素读”训练后，个个都能达到“背诵十万字，读破百部书，写下万千言”的教学目标，对《声律启蒙》《大学》《中庸》《庄子》《论语》《老子》《飞鸟集》等古今中外的许多经典名篇全都烂熟于心。此外，她能让所有的学生在吟诵法的熏陶下，熟背四百多首古诗词，被媒体誉为“百年来成功实现经典课程化教学第一人”。

陈琴说她的课堂很简单，就是带着学生反复读书，目标就是让这些学生喜欢诵读，不厌其烦地读。说是没有技巧，又似乎有些技法。比如，她沿用古代教育最基本的教学方法——吟诵法，学生很喜欢。经过一年多的训练后，学生就能掌握吟诵的基本方法。当然，吟诵只是其中的方式之一，诵读的方法有很多，只不过每一种都似乎够不上“方法论”，也就是让学生能够有信心、有兴趣反复诵读吧。

对此，有人提出了质疑：这些经典诗文学生根本不懂，让他们背诵到底有多大意义？其实，有没有意义，不能只看当下，而要看未来。绝大多数小学生并不明白这些诗文的真正意义，可是，他们的心里埋下了大量经典文化的种子，到了一定的生命节点就会破土而出，展现出巨大的生命力。曾仕强教授在《百家讲坛》中曾讲到他小时候学习语文的情况，当时正值兵荒马乱的战争年代，学生没有教室上课，就在村子的小庙里上。他的小学老师第一天把语文课本发给学生时只讲了这样一段话：“你们拿回去以后就开始背，不管你懂不懂，背！背完一课，到老师这里来，老师给你盖个章。”学生回去不管是躲在防空洞里还是躲在家里，天天背，拼命背。一个星期左右，他们就把一本语文课本背完了。曾仕强说，所背的那些经典，他们当时虽然不理解，可是随着阅历的增多，便逐渐地内化到心里，使他们有了思想内涵与文化品位。

中国的国学大师，几乎无一例外地在小时候都进行过大量的经典诵读。陈琴老师所教过的学生到了中学、大学之后，都有超越一般学生的语文水平，有的表现还特别突出。语文能力的培养，真的是“冰冻三尺，非一日之寒”。而古代经典的能量往往有相当长一段时间的潜伏期，一旦爆发出来，就会释放出巨大的生命能量。陈琴老师是很有责任感的老师，她认为，教学生六年，就要为他们一生的发展负责，厚积薄发是一个生命规则。有人说，你把《道德经》背下来，老子跟你一辈子；你把《论语》背下来，孔子、曾子跟你一辈子。陈琴老师的学生不但背诵了《道德经》与《论语》，还背诵了其他很多国学大师的经典。可以说，他们的一生，会有一大批国学大师如影随形地伴随他们，并照亮其人生前程。

也许有人会问：这会不会增加学生的负担？什么是负担？很多教师照本宣科地教学现行语文教材，课堂上那种没有意义而又味同嚼蜡的讲授让学生有一种枯燥乏味的感觉，大量的没有价值的语文作业又让学生挑灯夜战、痛苦不已，这难道不是负担？况且，学习质量异常低下，甚至由此扼杀了学生学习语文的兴趣，这才是真正的负担啊！

陈琴老师教学的内容确实多，在一般人看来难度也非常大。可是，当你走进她的课堂时，你会发现：孩子们背诵那些"之乎者也"之类的古代经典时，非但不感到困难，反而乐在其中。其中的奥妙何在呢？

在大人看来，对于那些佶屈聱牙的古文，如果没有理解，是不可能会背的。可是小孩子并不是这样，他们在记忆的时候，更多的是形象记忆，而不是抽象记忆。我曾经做过一个实验：让孩子背诵两篇难度相当、字数相近的古代经典，一篇非常细致地讲解后再背，另一篇完全不讲解就背。结果，未讲解的那一篇孩子反而背得快。陈琴老师之所以主张"素读"，就是因为她深谙其中的道理，不是用大人的思维来要求孩子，而是根据孩子的特点来施行教育。

陈琴老师有一个"野心"——在她的手下，要走出一些国学大师。我认为，这绝非妄想，而是完全有可能的。因为“一历耳根，永为道种”，一粒种子种下去，总是会开花结果的。古人所说的“童子功”，就是掌握了儿童的记忆规律，让孩子在童蒙时期就背诵大量经典。李白、苏东坡，包括五四时期提倡新文化运动的胡适、鲁迅等几乎都是在小时候诵读大量经典之后才成为大师的。

那么，有的教师也了解儿童的记忆规律，也让他们背诵古代经典，可是为什么效果一般呢？原因就在于，同是记忆，采用不同的记忆方式，效果也会大不相同。记忆不但有技巧，还要追根溯源。古代诗人写诗的时候，并不是像现代人一样，把诗写到纸上或输入电脑，而是吟唱之后才形成文字。比如，《诗经》原本有诗 3000 多首，一是存在于民间，老百姓在劳动或闲暇之时，手之舞之，足之蹈之，吟之咏之，就成了诗歌，但并没有形成文字。二是存在于乐师那里，在祭祀、上朝等大型场合中，乐师弹曲唱诗。那时的乐师是专职人员，而且均为盲人，也没有文字记载。孔子对这 3000 多首诗逐一研究，剔除其糟粕，留存其精华，才有了现在我们看到的《诗经》。《诗经》不但有很高的思想价值，也有很高的艺术品位。孔子谓之曰：“《诗》三百，一言以蔽之，曰‘思无邪’。”而且，他还给这些诗谱上了乐曲。他说：“吾自卫反鲁，然后乐正，《雅》《颂》各得其所。”可以说，孔子是《诗经》的集大成者，也是将其变成文字的第一人。此后，中国古代的诗歌也不是先有文字后有吟唱的，而是先有吟唱后有文字的。如李白、杜甫，甚至近现代的柳亚子等人的诗作，都是先吟唱而后成文的。写诗如此，读诗、背诗亦当如此。所以，背诵经典诗词，不应当用现在的朗读法，而应当用吟唱法。陈琴老师倡导的吟唱法沟通了现代人与古代诗人的心灵，让吟诵回到了诗作的本源。学习经典，只要追寻到本源，就可以“本立而道生”，就可以快速抵达文学艺术的殿堂。孩子们对吟唱有着特殊的兴趣，而吟唱对记忆又有着巨大的助推作用。于是，陈琴老师的学生经过她的指导，全部学会了吟唱，都在吟唱中背诵了大量经典诗文，所以，他们学习的时候非但不感到痛苦，反而有一种乐此不疲的感觉。

那么，让小孩子学习吟唱会不会非常困难呢？回答是否定的。我曾经多次请陈琴老师在“全国名家人文教育高端论坛暨名师课堂研讨会”上给从未学过吟唱的小学生上课，出人意料的是，不到两节课的时间，这些学生就基本上掌握了吟唱的腔调，高高兴兴地吟唱起来。

由此看来，陈琴老师的吟唱法当是孩子们学习经典的法宝，推广陈琴老师的吟唱法当是学习经典的必修课程之一。

其实，吟诵法古已有之，也是学习古文最好的方法之一，只不过从“五四”之后，这种教学方法慢慢地被人们摒弃了而已。现在，能够吟诵的人已经是凤毛麟角了，陈琴老师在这方面深有研究，更有实践，是其中的出类拔萃者。现在，学习吟诵的人越来越多，相信在不久的将来会在更大的范围里有更多的人用吟诵法教学经典的。

这让我想起了现在风起云涌的高效课堂教学的研究，尽管也取得了一定的效果，可是比起陈琴老师的“素读”与吟唱，则大多还在浅层次徘徊。虽然一些教师将课堂还给了学生，学生在课堂上也有了一定的学习积极性，小组合作学习的时候，学生也多能踊跃发言，学习效率也比往常提高了不少，但是他们的教学研究大多还是在现行教材的框架内讨论问题，所谈问题也很难深入下去。因为语文学习有一个看不见的规则，那就是必须有大量的优质文化的积累，才能形成属于自己的相对优质的话语系统，否则，讨论得再热烈，也只是在低层次的话语系统中游动。尽管学生也可以考出相对不错的成绩，却不可能有特别大的发展潜力，也不可能形成极强的语文能力。

有的人认为，高效教学的关键在于学生在课堂上表现活跃，所以教师已经无足轻重，教学水平的高低也就不必关注了。那么，高效教学难道真的不需要教师的高素质了吗？高效教学仅仅停留在现行教材之内就可以了吗？陈琴老师的教学给了我们一个重大的启示：必须重组教材，必须让大量的经典走进课堂。学生之间的交流固然重要，而高素质教师的引领同样重要，甚至更重要。一群水平一般的学生在课堂上热热闹闹地讨论，如果没有高水平的教师参与其中，则永远不可能抵达高效的课堂教学境界。陈琴老师也将课堂还给了学生，可是，她并没有成为课堂之外的一个看客，而是成了一位“导演”，有的时候还会成为“演员”，循序渐进地引导着学生从一座高峰向另一座高峰挺进，让学生领略“无限风光在险峰”的壮丽。可以说，没有陈琴这样高素质的教师，就不可能有她的学生大量的经典诵读，她的学生也就不可能有更大的发展潜力和空间。

不管什么样的教学改革，教师的不断发展永远是不可缺少的。教师的水平越高，学生的水平也会随之提高。正所谓教学相长，陈琴老师在引导学生成长的时候，自己也在与学生一起成长。让学生背诵经典的时候，她自己也在背诵，于是，她的经典文化功底也越来越深厚。陈琴老师不但教好了学生，她自己也有了更广阔的发展前景。

3. 孙双金构筑小学语文的三块“大石头”

孙双金是南京市北京东路小学校长、全国著名特级教师，他的“情智语文”理论在全国有着广泛的影响。大家对于小学语文教什么、学什么似乎没有太多的疑问，可是孙双金校长不但有疑问，而且进行了合乎逻辑的思考，提出了构筑小学语文的三块

“大石头”的课程观。

孙双金校长

孙双金校长说，他以前做老师时就是教教材，以为教材就是学生学习的唯一依据。后来，随着年龄的增长以及教学经验的积累，他对课程的理解越来越深入了。近百年来，小学语文教材传承的是选文式的编写体例，并且绝大部分的课文是白话文。这一篇篇白话文是人生的奠基阶段的“大石头”吗？显然不是。因此，他提出了要构筑小学语文的三块“大石头”：一块为国学经典，一块为诗歌经典，一块为儿童文学经典。

小学语文的这三块“大石头”是人生成长的重要内容，可是在现在的小学语文教材中占的比例并不大。看来，要想解决小学语文教学的“少慢差费”问题，还应当对教材“动手术”。

2005年我采访韩兴娥老师的时候，她就感慨万千地对我说，当今依然流行的小学语文教法是捡了芝麻，丢了西瓜，如此舍本逐末的后果，使教师厌教，学生厌学，教师不再是文化人，而是固定内容的传声筒，学生不再是积极主动学习的生命个体，而是被动接受的容器。不单单课堂教学效果甚微，而且浪费了学生的生命，压抑了学生的潜能，影响了他们一生的发展。她开始怀疑与审视“神圣不可侵犯”的教材：难道一册区区几万字的小学语文教材就要耗去学生半年的学习时间与生命？难道博大精深的世界文化就不能让求知若渴的学生在课堂上一睹为快？难道学生反复做的那些低级的、苦不堪言的作业能比让他们在记忆力最强的时候背诵一些经典诗文更有价值？为此，韩兴娥老师大胆而又义无反顾地进行教学改革，开始让学生进行大量的经典阅读和背诵，于是她的学生实现了快速的成长。

孙双金校长提出的小学语文的三块“大石头”，与韩兴娥老师的教学内容有着惊人的相似之处，而且收到了同样良好的效果。

关于构筑小学语文的三块“大石头”，孙双金有自己的思考。

第一块“大石头”为国学经典。

中华文化源远流长，其主脉为儒、释、道三家文化，其中尤以儒家文化为重点。因此，以孔子、孟子、荀子、朱子为代表人物的儒家学派的经典著作，就成了儒家文化的主流。冯友兰先生在《中国哲学简史》开头有一段话：“在旧时，一个人只要受教育，就是用哲学发蒙。儿童入学，首先教他们读‘四书’，即《论语》《孟子》《大学》《中庸》。‘四书’是新儒家哲学最重要的课本。有时候，儿童刚刚开始识字，就读一种课本，名叫《三字经》，每句三个字，偶句押韵，朗诵起来便于记忆。这本书实际上是个识字课本，就是它，开头两句也是‘人之初，性本善’。这是孟子哲学的基本观念之一。”

说起冯友兰先生的《中国哲学简史》，让我突然想到 2013 年 6 月韩国总统朴槿惠访问中国时曾在一篇文章中写道：“在我最困难的时期，使我重新找回内心平静的生命灯塔，是中国著名学者冯友兰的著作《中国哲学简史》。”6 月 29 日在清华大学发表演讲时，她多次引用中国古文中的名句与成语，让中国观众倍感亲切。一见面与清华学生致意时，朴槿惠就用中文引用了《管子·权修》中的“一年之计，莫如树谷；十年之计，莫如树木；终身之计，莫如树人”和取自《周易》的清华校训“自强不息，厚德载物”。在与学生分享自己的人生经历和感悟时，朴槿惠说自己年轻时曾梦想当一名电子工程师，但失去父母的悲伤让她转向了哲学阅读，并把名言警句都抄在笔记本上，诸葛亮写给儿子的“非淡泊无以明志，非宁静无以致远”让她受益终身。在谈到国与国之间的关系时，朴槿惠引用了《中庸》中的话：“君子之道，譬如行远必自迩，譬如登高必自卑。”她说国家之间的交往同样需要君子之道。去年我到韩国访问时，就充分感受到了韩国人对中国文化的敬畏与热爱，而且他们从小学习经典文化，这也是值得我们敬佩的。

有人认为，孩子读书，当以儿歌、寓言、童话为主，抑或多读一些学生作文，因为这与孩子的心理、生活相贴近。其实，我们往往低估了孩子的阅读能力，致使他们在阅读的黄金阶段便与名著失之交臂。中国古人所说的“取法乎上”是很有道理的。让孩子直抵高层，感受大师的风采，无论是对孩子思想品格的培养，还是对孩子写作水平的提高，都有积极的作用。也许有人会问：这是否与一般学生的阅读水平相差太远了呢？事实并非如此，旧时童蒙初学，便是“四书”“五经”，而且大凡在这方面稍下功夫的学生，在读书、写作方面都会高人一筹。中国有许多世界著名的大文学家，无一不是在幼时便饱读诗书，有的在幼时便可以写出一鸣惊人之作，有的则大器晚成写出千古绝唱。我们常说“名师出高徒”，现有的“名师”异常难寻，但现成的名家之书比比皆是，这便是真正的“名师”。舍名家之书不读，而去读末流之作，是舍本逐末，浪费生命。学生即使读再多的末流之作，也不会写出好的作品来。

第二块“大石头”是诗歌经典。

孙双金校长认为，从内容上来说，诗歌能表达人们最善良、最真挚、最美好的情感；从形式上来说，诗歌是以最优美、最凝练、最含蓄、最抒情的语言来表达内心美好的情感的。诗歌在语言上追求精炼美、含蓄美、韵律美、画面美、意境美，因此孔子说："不读诗，无以言。"现代写诗的人比较少，但是在两种状态下常会产生写诗的冲动：一种是在恋爱的状态下，男女青年表达情感的时候，往往觉得诗歌的形式是最恰当的；另一种是在痛苦的状态下，人们不是说"痛苦出诗人"吗？内心的痛苦借助诗歌的形式最容易表达出来。

有人说，中国文化是诗性文化，中国教育的核心是"诗教"。孔子对儿子孔鲤的教育是"不学诗，无以言；不学礼，无以立"。在中国民间，孩子咿呀学语，首先背诵的是"床前明月光，疑是地上霜。举头望明月，低头思故乡"这些朗朗上口的五言绝句。著名美学家朱光潜先生在《无言之美》一文中这样表达他对诗歌的认识："就文学说，诗词比散文的弹性大；换句话说，诗词比散文所含的无言之美更丰富。散文是尽量流露的，愈发挥尽致，愈见其妙。诗词是要含蓄暗示，若即若离，才能引人入胜。现在一般研究文学的人都偏重散文——尤其是小说，对于诗词很疏忽。这个事实可以证明一般人文学欣赏力很薄弱。现在如果要提高文学，必先提高文学欣赏力，必先在诗词方面特别下功夫，把鉴赏无言之美的能力养得很敏捷。因此我很希望文学创作者在诗词方面多努力，而学校国文课程中诗歌应该占一个重要的位置。"

中外诗歌有很多，可是并不是所有诗歌都是具有思想与文学价值的。上面所说的《诗经》太经典了，为什么呢？《诗经》的来源主要有两个：一是在民间，老百姓干活的时候，手之舞之，足之蹈之，自然形成了有韵律的诗歌；二是上朝或祭祀时乐师演唱之诗。两者有一个共同的特点，都是吟唱的，并没有形成文字。而孔子将这两部分的诗一一收集起来，将其中思想意义不佳、文学品位不高的诗删去，最后只保留了305首。可以说，孔子是第一位将只有乐曲的诗歌整理成文字的大师。孔子整理《诗经》，当然是有一个非经典不能入于其中的原则的，所以也就有了“《诗》三百，一言以蔽之，曰‘思无邪’”。在古代，真的是“不读诗，无以言”啊！诗歌不但内容好，乐曲也好。所以，孔子说：“吾自卫反鲁，然后乐正，《雅》《颂》各得其所。”可惜这些乐谱已经失传，不得而知了。

诗歌经典中，还有屈原的《离骚》，司马迁说：“屈原放逐，乃赋《离骚》。”真正读经典诗歌的人，几乎没有不读屈原的诗的。不过，屈原的诗真的很难理解，也很难背诵，可是小孩子不认为很难，所以，让小孩子尽可能地背诵屈原等大诗人的经典诗作，对其一生的成长会有很大的影响。虽然小孩子很难理解这些经典诗歌的深奥之义，但是背诵得多了，其中的意韵就会悄然走进孩子的心里，到了一定的生命节点上，就会生根、发芽、开花与结果，而且永远具有生命张力。

唐诗宋词中，有一些大师的作品非常好，让孩子背诵其中的经典之作，可以为其一生成长奠定坚实的文化基础。

第三块“大石头”是儿童文学经典。

孙双金校长认为，如果说国学经典和诗歌经典是面向过去、面向历史的话，那么儿童文学经典就是面向现代、面向儿童的。因为儿童文学是专门写给儿童阅读的文学，它充满幻想、充满想象力、充满童真童趣。儿童是天生的幻想家、作家、诗人、哲学家，因此儿童文学是小学语文教育的重要基石。

儿童文学经典之所以是孩子的最爱，一个重要的原因是这些作品多是研究儿童的作家写的，他们对儿童的心理、喜好等都比较了解，所以在写作的时候能够“入乎其内”，走进儿童的内心世界。当然，并不是说所有的儿童作家写的作品都是经典，只有那些很有思想与文学品位的作家才能写出有真味的经典之作来。

我认为，一个人小时候喜欢上了读书，大多会形成一生爱读书的良好习惯。而一个爱读书的人，其人生品位也会不断地提升。儿童文学作品也像其他经典一样，其中也蕴含着真善美，在阅读中，孩子也就慢慢地走进了真善美。如果让孩子爱上儿童文学经典，并为其提供尽可能多的阅读时间，所谓的思想教育、审美教育就能自然而然地收到成效。

其实，我觉得真正的大师都是童心未泯的。我读罗曼·罗兰的《名人传》时，读到列夫·托尔斯泰写儿童文学作品的内容时，突然有感，他本人是一位世界著名的大文学家，也是一位思想家，可是他很有童心，甚至有“复归于婴儿”之妙。

4. 山东大学附属中学的特色课程

赵勇校长

济南市有一所很好的初级中学——山东大学附属中学（以下简称山大附中），其课程的设置便很有大课程的特点。学校的课程可谓五花八门，有衔接课、综合课、选修课、写作课等，而且他们的选修课内容非常广泛，如传统文化方面就有“三月讲坛”、阅览课、“孔子课堂”等。“三月讲坛”都讲什么呢？我给大家举例介绍一下，其中有一个很受欢迎的讲座叫“赵赵说红楼”，主讲人是学校的一位叫赵克芳的教师，网名赵赵，她本人酷爱《红楼梦》，也有深厚的古典文化功底。赵老师把自己在阅读《红楼梦》中的很多心得与体会与学生分享，让大家对《红楼梦》中的人物的性格和所反映的社会现实有了更加深刻的认识。同时，赵老师新颖的授课方式及幽默的语言引来了很多学生的喝彩。她的讲座以系列进行，一讲就是一年，后来还催生了“红学”精英小组等社团的诞生。

语文教研组组长高平老师说，饱读诗书与具有丰富体验的孩子和具有开阔的人文视野并不断补充人类优质精神资源的教师在课堂相遇，成就了学校文化视野大课堂的精彩。教师近距离地接触万千灵动的生命个体，关注学生细腻、温润的内心世界，将学生视为宝贵的资源库，这是语文课堂的真谛。山东省教育厅副厅长张志勇高度赞美山大附中语文组文化视野大课堂的宏观构建和实施策略，他十分赞赏高平老师在报告中提出的“语文的外延与生活的外延相同”这一理念，认为山大附中是真正把孩子的生命体验作为教育的真命题。

再如，王波老师在学校系统地开设“朱自清讲座”“鲁迅讲座”等，使学生不断享受着文化盛筵，拓宽了生命视野。

同时，他们还把山东大学的一些院士、博士生导师邀请到学校来，给学生系统地开设课程。经过了这样的学习，学生受到的将是怎样的文化氛围的影响，得到的将是怎样的思想品质的浸染？

有一次，我问山东省实验中学的王岱老师：“你认为济南哪所初级中学的学生潜力最大?”她说根据自己的教学体验，山大附中的学生潜力是很大的，虽然有些学生的中考考试成绩并不是特别突出，但是两三年过后，这些学生往往都是最优秀的。为什么？因为在短短的初中三年时间里，山大附中的大课程为他们积累了具有发展潜力的文化，厚积之下，假以时日，必将蓬勃地发展。

正如我们先前所谈到的，高效不仅仅是体现在当下，不仅仅是看当时是否取得了高分。学生最初的成绩也许不分高下，但是同样的三年，用来学习简单的课本知识与终日浸泡在经典文化与高端课程中，其结果是有天壤之别的。后者不仅使学生掌握了丰富的知识、养成了良好的学习习惯、产生了学习兴趣，还使学生和教师的关系更加融洽，令学生拥有更加优质的话语、更加深刻的理解力以及追求卓越的愿望与信心。

有一次，我去山大附中采访，正跟赵克芳老师边走边聊着，一个五大三粗的小伙子一看到赵老师，跑上去抱着就哭。我很纳闷，一问方知，原来这是赵老师当年教过的学生，刚从北京大学毕业，此次是回母校来看望老师的。我问这个小伙子为什么哭，他说："我从跟着赵老师学习，一直到现在，再也没能遇到一位像赵老师这么好的老师，所以一见到赵老师，我就情不自禁地哭了。"

基于对这所学校的高度认可，我曾经专门为这所学校召集了一个全国性的会议，请全国一流的大师与名家登台论道，也让这所学校的教学名师同台展示，通过近距离地接触大师与名家，寻找差距，超越自我。参加这次会议的大师与名家有时任教育部语言文字应用管理司司长的北京大学博士生导师王登峰，北京市特级教师韩军，江苏省特级教师、著名杂文作家吴非，时任上海市浦东教育发展研究院院长的著名校长程红兵等。山大附中的赵勇校长以及高平、王波、王爱侠、赵克芳等老师也参加了会议。这次会议在全国引起了很大的轰动，山大附中的课程设置和课程管理给参会人员留下了深刻的印象。

当有了大课程大教材观下丰富的文本知识之后，学生学到的就远远超越了现行教材中的内容，从而为自己走向具有更大发展前景的道路做好了坚实的铺垫。

二、大课程大教材观下的生活实践

有了丰富的文本内容固然可贵，可是，如果没有生活实践的学习依然是不完备的学习。大课程大教材观下的生活实践，仍然属于学生必需的学习内容。孔子曾带着一大批弟子周游列国14年，其间他言传身教，所教授的更多的是实践课程。

美国等发达国家的人们已经形成一种共识：不做义工，就得不到社会的尊重。在这种氛围下，学生也形成了一种认知：不做义工，就别想申请好大学，更难以进入名校。

美国的义工活动从娃娃抓起，小学生以从事一些简单的家务劳动和服务性工作为主，包括帮助父母擦汽车、为邻居修剪草坪、在社区内送报纸、为朋友照看宠物等。美国中学会组织学生面向社会，如走进各大医院、医学院实验室、社区各种服务机构、红十字会、图书馆以及博物馆等，从事各类义工活动。

美国一些学校对学生做义工有明确的要求：高中生要想获得毕业证书，除了达到学分、成绩等要求外，还必须无偿地为社会服务60个小时。

学校把为社区服务纳入学生的必修课程，同时还会为学生提供做义工的机会。因此每到假期，在医院、残疾人康复中心、老年人活动中心、幼儿园、加油站、快餐店、超市等，随处可见学生忙碌的身影。

美国绝大多数医科大学招生都明文规定：如果申请入学的学生没有在医院或养老机构做过一定时数的义工，无论成绩多好，都不会予以考虑。因为学校认为学医的人首先要有奉献和服务他人的精神。

任何教学、任何学习如果脱离了生活，是绝对不可能抵达高效境界的。即使是教育专家，如果不接地气，离开实践，都将因纸上谈兵而只能昙花一现。

大家可以思考一下，莫言为什么能获得诺贝尔文学奖？首先是因为他进行了大量的阅读，阅读积累使他拥有了才情、才思和才气；另一个很重要的原因就是他有丰富的生活实践。试想，如果没有体验过那个时代的真实生活，没有在农村的生活经历，他能写出好的作品吗？我们学到的很多东西都是生活这个大课堂所赐予的。

1. 山东省乐陵市实验小学的生活课程

李升勇校长

山东省乐陵市实验小学校长李升勇是当今中国为数不多的一位对大教材大课程有研究的校长。他将学校的语文课分为基础性课程、文本性课程、实践性课程三大类，共 40 项内容：时政课、科普课、文学课、观察课、民俗课、识字课、历史课、美文课、经典课、成语课、书法课、诗词课、艺术课、礼仪课、网络课、影视课、棋艺课、戏曲课、采访课、环保课、文化课、体能课、规划课、义工课、经商课、家政课、消费课、国防课、生产课、地理课、内修课、安全课、法律课、励志课、特长课、管理课、经营课、朗读课、尚贤课、生命课。

李升勇校长与学生在交流

学校的基础性课程与文本性课程极其丰富，而实践性课程也是独具特色。李升勇校长认为，实践对于孩子们来说很重要，因为这是现在的孩子们最缺的一课。实践性课程主要包括一些实践活动和拓展性的内容。李升勇校长说："现在很多小学生连东西南北都分不清楚。乐陵市这么小的一个地方，有的孩子竟然不知道这条街道在哪里，那个公园在哪里，这怎么能行呢?"于是，学校专门开设了地理课，就是要让学生走出校门。一年级学生要在家长的带领下熟悉城区的道路和主要建筑物；二年级学生要在家长的带领下熟悉全市各个乡镇的位置和地貌；三年级学生要对本省的地理有大致的了解，有条件的家长可以利用节假日带领孩子实地考察，参观一些重要城市和景点；四年级学生要把视野扩展到全国；五年级学生要放眼全世界。此外，学生还要把每一次游历都写成文章，记下游历的见闻和感受，把实践活动与语文学习紧密结合起来。

实践性课程中有一门家政课，要求每个学生必须要学会做六样菜，而且要在学校里进行比赛，比赛后每个学生还要将买菜、洗菜、切菜、做菜的过程以及自己的感受写出来。因为有了实践，学生信手拈来，于是一篇篇有趣形象、生活化十足的好文章便跃然纸上了。

要想有一个大课程环境，首先校长就要有这样的意识和行动力。人在成长过程中的知识视野和文化背景是在不断扩大的，如果只看教材，就会“不识庐山真面目，只缘身在此山中”。李升勇校长能够博闻强识，不断地从生活中学习，所以他才会有开阔的视野，从而进入“横看成岭侧成峰，远近高低各不同”的境界中。

2. 天津中学的综合实践活动课程

国赫孚校长

国赫孚曾任天津中学的校长，是享受国务院特殊津贴的专家，他特别重视综合实践活动课程的开发，认为这是学生生命成长的必修课。综合实践活动课程是新课改的亮点，也是难点。说是亮点，是因为这门课程在育人方面具有不可替代的价值；说是难点，是因为这门课程的实施要遇到诸如活动的时间与空间、课程资源、指导教师、活动方式、课程评价等许多难题。尤其是考试制度，使得国家规定的这门必修课程的开设常常落空。对开设综合实践活动课程，国赫孚校长曾说过：“高考不考，照样要搞。只要想搞，准能搞好。”

国赫孚校长带领学生到天津市蓟县的农户家里做调查，在农民家吃饭、劳动，受到了农民的热情接待。农村人的淳朴与憨厚深深地感染了学生，尤其是贫苦农民的生活现状震撼了学生的心灵。有学生在作文中写道：“我们寄住的这一家共 4 口人，年收入只有 2000 元，孩子的学费就用去一半。除了过春节，他们很少吃肉，给我们准备的饭菜很可口，虽然没有肉，但有豆腐和粉条。我们吃饭的时候心里很不是滋味，大人不让孩子上桌和我们吃饭。两个孩子站在我们面前看着我们，我们吃完了，他们用馒头蘸着菜汤吃得狼吞虎咽。”农民贫苦的家境引起了学生的同情，这种同情心对于学生健康人格的形成很重要。这种同情心不是刻意培养的，是现实与学生自身生活之间的巨大反差使之自然形成的。

生态考察：天津师范大学徐华鑫教授（前右一）在八仙山为学生讲解

平时，学生生活在城市里，无论如何也想象不出农村会是他们看到的这种境况，这怎能不让他们感慨万千呢？所以，这样的课，不是一般意义上的下乡劳动课，而是让学生的生命得到洗礼的课。相信有了这样的“课堂”，有了这样的“教学内容”，学生再回到学校的时候，一定会有很大的变化。

国赫孚校长认为，现在人们普遍追求金钱与权力的现象不可避免地会对学生产生影响，教师作为学生人生路上的引路人，应该对此有清醒的认识，并意识到自身的责任。针对现在有的学生看不起普通老百姓甚至瞧不起自己的父母的现象，学校开展了“岗位体验和社会观察”活动，让学生和自己的父母一起上班。

一个学生的父亲是送报员，孩子原来认为“只有小学文化水平的爸爸干不了有科技含量的工作，跟他去送报纸，我都觉得低人一等”。当他和父亲送完一天报纸回来的时候，他累得筋疲力尽，思想发生了转变：“爸爸为了这个家，为了我能过得好，每天拼命工作，而我呢？我为爸爸做过什么？没有。不仅没有，我还看不起他。现在看来，我只是一个不懂事的小孩子而已，爸爸是值得尊敬的人。”

“岗位体验和社会观察”活动开展得太有意义了！一个学生想要成为人才，首先要成为一个真正意义上的人。一个连自己的父母都瞧不起的人，即使有了一定的地位与权势，也未必能够对社会做出多大的贡献。《周易》有言：“立人之道，曰仁与义。”有了仁义之德，才能成为人；否则，就不成为人。学校是培养人的地方，如果学生只是学会了一些知识，而没有仁义之德，就称不上“大写的人”。那个和父亲送了一天报纸的学生的感悟是深刻的，我甚至认为，这样的经历有可能会成为他人生的一个转折点，让他懂得了孝敬父母、尊重他人，进而努力学习。而这种学习态势，因为有了美好品格的支持，也会更加持久。

3. 河北衡水中学的“活动课程化”

河北衡水中学（以下简称衡水中学）是一所创造“高考神话”的学校，多年来，这所学校每年考入北京大学、清华大学的学生都有七八十人。2012 年学校“更上一层楼”，考上北京大学、清华大学的有 96 人，2013 年与 2014 年均有 104 人，2015 年则有 119 人。于是，有人武断地认为，这所学校肯定是高考应试的“加工厂”，是让学生往死里学学出来的。真的是这样吗？衡水中学“高考神话”的奥妙到底在哪里呢？原因是多方面的，而开设丰富的课程无疑是一个重要的原因。学校开设的课程分为人文素养类、科学素养类、科技探究类、学科知识拓展类、生活技能类、传统文化类、生命教育类等8大类100余门。学生普遍反映，这些课程内容丰富，不仅让他们的高中生活变得更加充实而多彩，使他们学到了自己感兴趣的内容，而且提高了他们的实践动手能力，拓宽了他们的视野，张扬了他们的个性，满足了个人成长的需要。

张文茂校长认为，课程是知识，是经验，也是活动。因此，学校提出了“活动课程化”的构想，并进行了积极的探索和实践，努力将内容不一、形式多样的活动按照课程理念加以整合，使之成为领域广泛、复合交叉的综合课程，成为较为稳定、便于实施的课程，为学校的课程建设提供了源源不断的动力。如“80华里远足”是学校的一项特色活动，他们把该项活动纳入校本课程进行设计，把活动的时间从一天延长为一周，并制订了课程实施方案，包括活动的目标、活动的内容、活动的实施以及评价考核。在此基础上，每个学生都要制订个性化实施方案，包括个人的活动目标，活动前的准备（物质、身体、思想）等，关于围绕远足的主题班会活动、团支部活动的记录以及活动中可能出现的问题及其应对办法等，学生也要制订出具体的实施方案。活动结束后，每个学生都要完成实践报告，学生之间要进行互评。除此之外，他们还发动学生收集了大量有关远足途中和目的地的相关资料，印制成册后发给学生，并组织学生进行深入学习、讨论和研究。事实证明，“活动课程化”极大地提升了活动的影响力，为学生的成长提供了更为广阔的平台，也为学校新课改的推进注入了新的活力。

“80华里远足”这项特色活动转化为课程之后，虽然仍采用远足的形式，可是收获大不一样。它让师生认识到这是一门课程，不能随意化，也不能局限于体现特色，而应当按照课程的要求进行科学的设计。设计与实施这个活动的过程，也是开发、丰

“80 华里远足”活动

富和完善校本课程的过程。这个课程不是随意“拿来”的，而是自创的，打上了衡水中学的印记，师生成了这一课程的开发者、实施者、享受者。活动过程中所收集的有关资料与学生接触到的现实有机地融合，有效地提高了师生的认知水平，让他们产生了独特的感悟。正因如此，在远足的整个过程中，师生不仅锤炼了意志、锻炼了身体，还开发了必修课程，拥有了特殊的体验。在整个过程中，学生体验到了苦中带甜、累中有乐。这种体验会积淀成一笔精神财富，让学生铭记一生，且对其生命的成长起到积极的作用。

这种远足课程学校每年举办一届，至今已经举办了 12 届。在此期间，在一次远足活动中发生了一件意料之外的事，一个女生突然中暑，并且非常严重，在医院里昏迷了 6 天，最后总算是完全康复了。鉴于此次事故，学校开会的时候，大家都跟张文茂校长说：“‘80 华里远足’这项活动不能再进行了，太危险了！如果学生发生意外，作为校长的您就会被免职。”的确如此，现在有多少校长和教师还敢将学生带出校门进行活动？安全问题已经成了教育的“紧箍咒”。况且他们还是远足 80 华里，师生共 2500 多人，其难度可想而知。对此，张文茂校长却说：“我们绝对不能因噎废食，一定要坚持下去，因为这项活动对学生的终身发展是非常有益的。经过这样的磨炼，学生收获的是一生受用的宝贵品质。这次事故正好给学校提了一个醒，学校要做的应该是把这项活动搞得更好，把一切隐患提前处理好。”于是，他们开始考虑把这项活动转化为一门课程，经过不断的争论、讨论、磨合，他们研究了很长时间，终于把一切可能产生隐患的因素都考虑到，并制订了相应的对策和方案，同时也进行了充分的前期准备，使这一课程更加完善。比如，为了防止同样的事情再次发生，活动中配备若干车辆，方便身体不适的学生上车休息。

张文茂校长认为，活动是学生最感兴趣、最乐于接受的一种教育形式，也是提高学生道德认知水平、实现自我教育的最佳途径。所以，他一直倡导开展各种各样的活动，一年下来有五六十项之多，除了“80 华里远足”活动以外，学校还组织开展了“十佳班长”“十佳环境卫士”“十佳宿舍长”“十佳体委”“十大校园歌手”“十大学星”“十大文明道德模范”“十大节约节能标兵”等系列评选活动，以及校园心理剧大赛、防震疏散演练、18 岁成人礼等不同形式的活动。同时，校外的社会实践活动也很多，如“科技之春”“做一个有道德的人”“向祖国母亲拜年”等系列主题实践活动等。此外，学校还经常组织学生赴爱国主义教育基地接受教育，如前往北京天安门观看升国旗仪式、参观天安门国旗护卫队荣誉室、参观中国科学技术馆和中国人民革命军事博物馆、参观“复兴之路”大型主题展览、赴“七七事变”发生地参观中国人民抗日战争纪念馆和卢沟桥等。对于这些实践活动，学生都积极参加，有的实践活动还取得了令人瞩目的成绩，如学生撰写的科技论文《走入衡水湖，探索湿地奥秘》获得第 24 届全国青少年科技创新大赛十佳科技活动奖，《保护衡水湖生态，控制黄顶菊入侵》获得第 22 届全国青少年科技创新大赛一等奖等。目前，这些活动都成了学校课程的重要组成部分，对学生的成长起到了潜移默化的教育作用。

2012 年 10 月 11 日至 13 日，时任中共中央政治局委员、国务委员的刘延东深入沧州和衡水等地的学校、企业和文化单位考察指导工作。在衡水中学感受了校园丰富多彩的课外活动和浓厚的创新氛围后，刘延东十分感慨，评价道："你们有一支非常好的教师队伍，这是办好学校最重要的一个依托。希望教师进一步提高自身水平，做真的追寻者、善的传播者、美的创造者和爱的奉献者。"她还说，衡水中学确实名不虚传，是办得很好的一所学校，要很好地将衡水中学的理念、经验传播出去。

4. 王晶华老师的地理实践课程

王晶华是山东省章丘市第四中学的地理教师，不但出版了个人多媒体课件专辑《轻松快乐学地理》、个人专著《携智慧和阳光漫步》，而且开创了基于学科教学的实践性学习新领域，创办了《探索者——基于学科教学的实践性学习》系列期刊，先后获得济南市优质课比赛、山东省优质课比赛、全国优质课比赛的一等奖，被评为山东省十大教育创新人物，被聘为山东省远程研修课程团队专家，是教育部首批中小学赴美访问学者中的一员。

王晶华老师认为，生活与社会实践活动对学生的生命成长起着至关重要的作用。为此，她曾多次组织学生走出学校，到古月山考察。她说，有一次，在山顶吃完饭后，孩子们把垃圾装进袋子，准备下山。山势较陡，孩子们抓着藤蔓手脚并用地爬或者排成一队慢慢走的时候，喊起了军训的口号，是那么积极向上；在林间平坦处行走时，孩子们欢快的歌声响彻山林；在石灰岩山崖处，孩子们听她讲地质史和岩石的形成时，神情是那般认真。他们经常还会提很多有趣的问题，这比坐在教室里眉头紧锁地学习富有魅力得多。大自然中的牵牛花、雏菊、芦苇、蒲公英、棉花田、玉米田、被遗弃的村落、流动的山岚、茂密的山林等都引发了孩子们无尽的探寻。

孩子们特别喜欢这样的生活实践课程，徐旭同学说："天然氧吧、旱地芦苇、白泉的化学实验，那么多神奇的地理知识，还有大家的团结互助……这是多么快乐、充实的一天！"邢月同学高兴地说："在这个过程中，我们加深了友谊，个人的特长得到了展现，相互的鼓励和欣赏促进了我们健全人格的形成。实践性学习极大地调动了我们的学习热情，使得我们充满激情地主动参与，不甘落后、渴望成功的热切心情迫使我们去克服困难，相互协作。成功的喜悦充盈着我们的内心，智慧和灵性在激荡中绽放。"

也许有人会问：这样会不会影响学生的考试成绩呢？恰恰相反，学生的考试成绩不但没有受到负面影响，反而提升了。因为这样的实践活动不仅愉悦了学生的心灵，而是让他们学到了课本上没有的知识，还锻炼了他们的学习能力，所以，学习效率也提高了。

现在学生被圈在学校里，几乎没有校外生活，更少有野外活动。所以，一旦有了野外之行，学生的快乐是难以言表的。现在，不少学校出于对学生安全的考虑，禁止学生集体外出。其实，外出既是对学生的一种锻炼，也是为了他们的未来更加安全，只要学校考虑周全，做好充分的准备，安全问题不足为虑。古人强调"读万卷书，行万里路"，就是因为古人认识到"万里路"与"万卷书"对一个人的成长同等重要，疏离了学校之外的活动，就等于斩断了学生发展双翼中的一翼，就不能使他们更好地成长。从这个意义上说，学生的古月山考察，其意义不只是一个"乐"字，更重要的是对他们的成长具有促进作用。

王晶华老师认为，健康的体魄、对大自然的热爱、生命的乐趣和尊严、责任和担当、幽默感和面对失败的勇气、心灵的快乐和痛苦、纪律和规则，还有飞鸟、蝴蝶、云朵、阳光、月夜、运行有序的星辰及乐于助人的品质与对未来的憧憬等都是我们应该给予孩子的礼物。

陶行知先生说："学校有死的，有活的，那些以学生全人、全校、全天的活动为中心的，才算是活学校。死的学校只专注在书本上下功夫。"可是，直到现在，依然有很多学校是死的。更加可怕的是，一些学校还没有意识到这一点，仍一如既往地"专注"于课本，不管学生是否健康地发展，不管他们有没有鲜活的生活，要的只是分数，要的只是升学率。其实，他们不知道一个基本的道理——一个身心不健康的孩子，一个没有丰富生活的孩子，即使考上所谓的理想学校，也会因为"先天不足"而缺失发展的潜力，最终败下阵来。如果学校真正爱孩子，就会千方百计地为孩子着想，让他们快乐，力所能及地为他们组织愉悦身心的活动。只有将爱心与智慧结合起来，才能让学生拥有更加幸福的人生体验。

由此看来，大课程与大教材的构建，让生活文本彰显了独特的魅力。而只有将传统教材与生活实践有机地融合，才能让学生有更好的发展。

第四讲

制度成为文化

——以文化引领和谐校园建设

学校制订制度并不难，但是不一定能形成制度文化。什么叫文化？简而言之，就是“以文化人”。制度文化对人的改变，更多不是强制性的，而是让人对制度产生高度认同感甚至敬畏之心，视遵守制度为一种美德。可以说，没有心理认同的制度不能形成文化，只有当制度真正形成一种保障高效教学的文化之后，学校教育才能抵达更高的境界。

一、山东省济宁市大唐中学的民主管理制度

山东省济宁市大唐中学（以下简称大唐中学）虽然是一所民办学校，可是在当地很有声誉，升学率一直居高不下。在采访文开讲校长时，他一语道破“天机”：“我们并没有刻意追求升学率，今天的成绩是制度文化建设下的一个必然的结果。”

在接受采访的整整一个上午的时间里，文开讲校长竟然没有接到一个电话。我问他：“怎么没有人给您打电话呀？”这位70多岁的校长说：“这三天，我就接过一个电话。”我说：“这说明您管理有道，您是怎么管理学校的？升学率这么高，远近闻名，您

文开讲校长

是怎么做到的?”他说:“我就是玩儿啊。”我问:“玩儿的背后呢?”他说:“制度与人心。”我问:“您用什么样的制度呢?”他说:“民办学校有很大的灵活性，制度在我手上，也在教师手上。我们形成了大家高度认可的制度，让它真正运行起来以后，就不用我管了。我只需要在制度管不着的地方说话。”这位校长相当清醒啊!

文开讲校长聘请的业务校长、后勤校长都是济宁市内退的名校长和教育局局长。学校制度规定，受聘之前要和学校签订合同，其中有一条是，工作一年以后，你能不能继续留任，由教师说了算，而且通过无记名投票决定。如果有1/4的教师不认可你，则要自动辞职。文开讲校长说，他的4位曾当过校长、局长的朋友先后被辞退了，他心里很过意不去，但是“莫斯科不相信眼泪”。同时，他说校长要关心教师，跟教师打成一片，但是如果教师对校长没有制约性，没有选举权，教师怎么能和校长打成一片呢?所以这项制度能使分管校长竭尽全力地跟教师打成一片，共同把教育教学搞好。

另外，大唐中学聘请的教师的去留，年终由学生无记名投票决定，同时教师不能在场，一年一评。开始有很多教师被辞退，但是现在几乎没有了。我们整天说让教师爱学生，但是你能真爱吗？当学生决定你命运的时候，你不爱能行吗？而且学生都有一双“火眼金睛”，你真爱他，他都知道；你真不爱他，也逃不过他的眼睛。

我去采访他时，让我惊诧的是竟然有一些公立学校的教师辞了工作，上他这里来干。我问他们为什么愿意来，他们说：“一方面，我们的工资不比公立学校的教师少；另一方面，我们可以更简单、更纯粹地工作和学习。”这就是制度，这就是制度文化。

文开讲校长对我说：“我没有多少节余，全校每一位教师都知道我的钱是怎么花的。为什么呢？因为我会不断地公布我的账目，让大家去看，学校今年一共收了多少钱，花了多少钱，这些钱花在了什么地方，明明白白，每一位教师都心中有数，所以每一位教师都是学校的主人翁。”这就是制度形成文化的必然结果。

据文开讲校长讲，学校之所以有现在的发展，与实行团队管理和团队承包管理有着很大的关系。团队管理主要是把两个班的任课教师组成一个团队，语文、数学、英语学科各 1 人，再加上其他学科的教师，共计五六人，从而组成一个工作团队。他们民主选出队长，全员参与，对这两个班级的学生进行统筹管理。团队之间开展评比，成绩优劣与团队成员所得薪酬密切相关。

所谓团队承包管理，就是把两个班（即一个团队）的学生的教育、教学、安全等各方面的工作都承包给该团队的教师集体，学校依据制订的检查项目和标准进行检查和总结，以得分的多少区分团队的优劣，决定团队成员的薪酬的多少。

文开讲校长说，学校制订的团队承包管理条例虽然只有几百字，却把民主管理、团队管理、量化管理融为一体，可以说，“一册在手，全校皆活”，简明、实际而又可行。利益看得见，全员争先锋。教师为自己而劳动，多劳多得，优劳优酬。

团队管理使每一位教师都成了管理者，而不是只有班主任负责班级管理，其他教师对学生工作袖手旁观。教师承包管理的是学生的各个方面，而且效果好坏与教师的薪酬紧密联系在一起。这就构建了一个休戚与共的共同体。任何一个人有突出表现，整个团队都会得到相应的奖励；任何一个人不负责任，整个团队都要受到相应的惩罚，可谓一荣俱荣，一损俱损。这样，教师之间绝对不会恶性竞争，而是相互帮助，和谐一致。合力一旦形成，就会凝聚成一股巨大的力量。

在大唐中学，教师都能全身心地投入教学。学生很高兴，教师很高兴，校长也很高兴，这样便形成了一股合力。所以在这种状况下，高效教学就自然实现了。

二、贵州省实验中学的“41条军规”

现在一些学校在制订制度的时候特别强调人文性，这固然是必要的，可是，如果学生出现问题而没有得到相应的惩戒，就有可能扰乱学校正常的教学秩序，所谓的高效教学就不可能实现。贵州省实验中学自2005年就开始实施惩戒教育，制订了《贵州省实验中学学生惩戒条例》，要求学生明确、家长了解学生在校学习期间该做什么，不该做什么，该做的事一定要做好，不该做的事一定不要去做，否则就必须为错误承担责任，接受惩罚。

据刘隆华校长讲，在试行惩戒教育几个月后，学生上学迟到现象依然屡禁不止。2005年下半年的一天上午7:30，学校准时关闭了大门和其他可以进入学校的通道，100多名学生被关在校门外，一个小时后仍不能进校，门外聚集了不少家长，电视、报纸

刘隆华校长

等媒体的记者也纷纷赶到现场。刘隆华校长宣布学校拒绝接受任何采访，可是一不小心接了一位电视台记者的电话，他的一番直言当晚被电视台“直播”了，引起了上级主管部门和社会多方面的关注，他也不得不面对上级和媒体：一方面及时向主管领导汇报，与家长沟通；另一方面接受电视台专访，谈学校的办学思想和教育理念。没想到，电视台的“曝光”和专访宣传了学校的教育理念，为学校做了一个免费广告。为此，学校提高了声誉，次年的招生情况好极了。

这是一起突发事件，也是一条热点新闻，在一般人看来，它会对学校造成负面影响。可是，直面媒体与社会，恰恰成了宣传惩戒教育的一个最佳契机，成了提升学校品牌的一个难得的机遇。其实，愈是“犹抱琵琶半遮面”，愈是让惩戒教育得不到公众的认可。大家在热议甚至非议惩戒教育的过程中，对惩戒教育有了越来越清楚的认识，于是，大家由反对转为怀疑，又由怀疑转为认可，再由认可转为支持。近几年来，贵州省实验中学声名鹊起，毋庸置疑，惩戒教育也成了这所学校的一块“金字招牌”。它让那些对孩子出现的问题感到束手无策的家长看到了解决问题的新方法，认识了可以让孩子良性发展的一所好学校。

2006年2月，学校在试行一年多惩戒教育的基础上颁布了惩戒条例41条（被学生称为“41条军规”），同时又颁布了《贵州省实验中学校规细则》90条，对学生在校内外的日常行为，包括学习、生活习惯等进行规范，对违规学生按“41条军规”进行惩戒，惩戒的方式有让学生面壁思过、完成惩罚性作业、放学后留校打扫卫生、停学回家反省，还有警告、校内通报且公布、记过、强迫性转学或退学、开除学籍等。几年来，学校有不少学生受到惩处，其中有因为抽烟被劝退的，有因为参与打架被勒令退学的，有因为谈恋爱被强迫转学的等。当然，学校在从严惩处的同时也给予了学生人文关怀，如为学生联系学校，追踪学生的表现，为学生保留学籍以让其回校参加高考，关注学生走上社会后的发展等。凡是受到惩处的学生及其家长很少有与学校敌对的，因为他们都认同学校的管理，接受学校的处罚，在接受惩戒的过程中知道了规矩的严肃性，从而敬畏规章制度，更加理解了学校提出的“尊重生命，为学生终身发展奠基”这一理念的深远意义。

“41条军规”是学校在学生入学前就向家长与学生明示，并得到他们认可的。认同“军规”，就要敬畏“军规”、遵守“军规”，如果违反，就是明知故犯，就要受到惩戒。一个人犯了错误，就应当承担相应的责任。惩戒教育，就是要增强人们的责任意识。惩戒的目的，是让人们认可规则、敬畏规则，增强责任感与担当意识，从而营造一种遵规守纪的氛围，形成一种良好的社会风气。相反，一个没有责任意识的人，是不可能担当重任，也不可能得到人们的赞同与支持的。

“不以规矩，不能成方圆。”教学与学习亦然。有了规矩，才能让课堂教学步入正轨，才能让教师高效教学，也才能让学生高效学习。

学校严格执行这“41 条军规”。有一个女生，因为母亲对她过于溺爱，以致其在家无法无天、为所欲为，在学校里也是特立独行、我行我素。有一次她竟然动手打了同学，学校按“军规”责令她退学。这个女生的母亲托关系试图让刘隆华校长收回成命。可是，刘隆华校长顶住了各方面的压力，让这个女生退学了。

很巧的是，我去学校采访的前一天，刘隆华校长刚参加了一场特殊的宴会。来邀请他的人没有说是谁请客，只说给他一个惊喜。结果刘隆华校长到了宴会厅一看，正是被他劝退的那个女生和她母亲。他扭头就想走，那个女生急忙追上来，哭着说：“刘校长，您千万别走，我是来感谢您的。我以前太不知天高地厚了，被学校劝退之后，我觉得是很羞愧。我到了新学校后，反思了自己的行为，真正意识到了自己的问题，开始一心一意地学习。今年我考上了一所重点大学。我们母女俩今天是专门设宴来招待您、感谢您的。”

这就是制度得到认可进而内化为一种自觉所产生的巨大力量。不少学生来到贵州省实验中学后，家长说孩子变乖了，学习自觉了，懂得规矩了，知道感恩了，学校也因此享有很好的社会声誉，的确令人欣慰。贵州省实验中学以开展教育科学实验为己任，更新观念，勇于探索，发现问题，提供研究样本。而教师的教学效率高了，学生的学习效率也就自然而然地高了。

三、云南省文山壮族苗族自治州第一中学的“包产到户，责任到人”

2004 年，在云南省文山壮族苗族自治州教育史上有一位值得大书特书的人物，那就是辞去副县长的职位去竞聘文山壮族苗族自治州第一中学（以下简称文山州一中）校长的钟子俊。

钟子俊校长在分析近年各县高考态势

文山壮族苗族自治州共有 8 个县，全部是国家级贫困县，共约 350 万人。钟子俊走马上任那一年，该校高考一本上线人数只有 51 人，最高分为 587 分。该校多年才能出一个考上清华大学或北京大学的学生。该地区整体教学质量差，很多家长都把孩子送到外地去上学。

在钟子俊任校长期间，学校发生了翻天覆地的变化：现在每年高考一本上线人数达 500 多人，比 10 年前增加了 10 倍；以前升入本科的学生比例约 30%，现在约 90%；以前升入清华大学、北京大学的学生几年才有一个，现在每年有十几个。

校园变大了，教育教学质量提高了，老百姓满意了，政府高兴了，连学校周边的房地产也火起来了。

发生如此巨变，原因何在？

钟子俊校长说，关键在于学校有一套好的管理机制，其具体做法就是“包产到户，责任到人”。“包产到户”集中在两个重点：一是包，就是既有发包人，也有承包人；二是包的是产量，就是高考的成绩、学生的前途。发包人是校长，承包人是年级分部主任。承包人必须自主经营，自负盈亏，所以承包人要有较大的权利和自由，承包人的权、责、利必须全部到位。权就是人权、财权、事权；责就是学生的安全、高考的成绩、正常秩序的维护；利就是对承包人的奖惩。“包产到户”的关键点是发包人与承包人必须以契约的方式签订承包合同，用法律的形式明确双方的权利和义务。

这让我想到了当年农村的包产到户，因为我在农村干了整整10年农活。虽然我在生产队干得又苦又累，可是，1977年我一家四口只分到36斤麦子。前几年回家，我得知仍然住在农村也是有四口之家的二弟一年竟然收了一万多斤麦子，而且干得既不太累，也不太苦。为什么会发生如此巨大的变化？根本原因就是“包产到户，责任到人”，承包人的权、责、利全部到位了。看来，如果干活者的权、责、利很少甚至没有，积极性就不可能被调动起来。这是一个非常简单的道理，可是，很多学校并没有理解其中的奥妙，或者虽然知道却不敢动这么大的“手术”。钟子俊校长是充满智慧的，也是有勇气的。所以，他们实行“承包制”之后，教师们自然主动而又积极地工作。

钟子俊校长谦虚地说，他们实行的是一种“土办法”。其实，“土办法”有真智慧，有大学问。因为几乎每一个人都有巨大的潜能，为什么有的教师的潜能显现不出来呢？关键就是其内在的工作激情没有被激发出来。有人谈“利”色变，其实，孔子也谈“利”，只不过他说的是“见利思义”罢了。“包产到户”，不是单纯的利益行为，还有责任这个“义”在，再加上大“权”在握，利弊得失全在自己手里，教师无须领导催促，也会自发努力，甚至想方设法让工作“更上一层楼”。

据钟子俊校长讲，“包产到户，责任到人”，具体到学校还需要明确几点：一是发包人不能干预承包人正常的“生产”和“经营”活动。也就是说教务处等其他处室包括校级领导不能对年级分部正常的教学和管理随便说三道四，甚至发号施令，要保证承包人有相当大的自由空间。二是站在领奖台上的只能是“运动员”，“裁判员”等其他工作人员一律不得参与奖金的分配。也就是说高考奖金就是承包奖金，只能发给一线教师，其他工作人员包括领导都不能参与奖金的分配。三是承包人与承包人的竞争结果（也就是比赛结果）与“裁判员”无关。简而言之，就是高考成绩的高低是年级分部的责任，教务处等其他处室不负其责，说得极端一点儿，对教务处工作的评价不与高考成绩挂钩。当然，这些都是操作当中的细节问题。

遗憾的是，有的学校也搞承包，可发包人总是不放心，有时会有意或无意地干预承包人，从而打击了承包人的积极性。钟子俊校长对承包人的完全信任与放手，让承包人享有充分的自主权，他们是在自由状态下工作的。只有如此，才能让生命个体的创造性思维彻底打开，从而去收获创造性的成果。我们观看世界级的体育赛事时会发现，运动员与裁判员是泾渭分明、各司其职的。可是，很多学校在这方面彼此不分，有的“裁判员”比“运动员”领的奖金还要多，这势必造成“运动员”心理上的不平衡，从而使其工作热情不断消减。而文山州一中将二者截然分开了，让“运动员”自愿甚至是拼命地去工作，并去享受拼搏之后收获硕果的愉悦，当然也就有了持久的工作积极性。在不少学校，高考是教务处工作的重中之重，真正“战斗”在一线的教师往往会在他们善意的指导下受到不同程度的干涉。而文山州一中的“极端”做法，让学生的高考成绩成了教师的事情、年级分部的事情，于是，年级分部与教师就有了“不令而行”的内在动力。

在采访钟子俊校长的时候，他告诉我，他们学校的管理，不仅实行“包产到户”，还实施了“三权分立”。全体教职工会议行使立法权——所有的规章制度、所有的奖惩措施，都必须在全体会议上表决通过，以示立法的严肃性和立法主体的广泛性；各年级分部行使执行权——既执行全体教职工会议所立之法，又在行使权力的过程中开展激烈的竞争，竞争的结果就是管理水平和高考成绩的提高；各处室行使监督权——例如，教务处负责对各年级分部的日常教学工作进行监督和服务，但对学生的高考成绩不负责任。

“三权分立”使各个层面的人都有权力，也都受到制约，这样，不但各有权力，也各有责任，于是，不公平、不公开的事情就很少出现，教师们的心理也就相对平衡了。少了纷争，多了向上的动力，即使出现竞争，也是良性的。其实，每位教师都具有很大的生命弹力，如果为其提供积极向上的环境，这种弹力就会越来越大；相反，弹力就会越来越小。

钟子俊校长认为，对于学校的管理需要学习体育竞技中的规则，即必须将运动员和裁判员严格区分开来，运动员不能当裁判员，裁判员更不能上场参加比赛和上台领取奖杯。虽然道理很简单，但是不少学校做不到甚至没有考虑到这一点，既是“裁判员”又是“运动员”的现象比比皆是，所以，学校管理混乱、教学低效也就在所难免了。原因何在？因为“裁判员”拥有制订规则的权力，在拥有权力的同时，还想得到不属于自己的名与利。而文山州一中为什么敢于做出这样的规定呢？无私是关键！一切为了学校的发展，为了学生的成长，为了教师的发展。

钟子俊校长认为，“包产到户”“三权分立”“竞技规则”这三个方面就是他们管理体制改革步入正轨的根本所在。这是学校发展的方向，不能出现偏差。

看来，管理体制的发展，不但需要无私与勇气，还需要智慧与方略。钟子俊校长所说的这三个方面当是学校管理制胜的法宝，只要真正“拿来”，都会产生相应的效果。可惜的是，经验虽在，效果虽在，真正“取经”用之于本校者，还是“几希矣”！

钟子俊校长所实施的“责任到人”，指不吃“大锅饭”，责任“一对一”，这又是问题的另一个方面。要做到“责任到人”，就要解决两个问题，即“考核混乱”和“分配不公”。

“考核混乱”就是个人自评、小组互评、领导打分、“潜规则”泛滥。整个考核全部都是人为操作，这样做的后果是非常严重的。“分配不公”就是工资待遇搞高位多得，职称申报搞论资排辈，岗位定级搞人情关系，评优评先搞轮流坐庄。整个薪酬体系与高考无关，这样造成的后果是难以估量的。

钟子俊校长所说的“考核混乱”恰是当下学校考核常用之法，甚至被认为是科学有效的方法。其实，仔细想一想，其中的人为因素何其大！尤其是“潜规则”暗流涌动的时候，还有什么科学与公正可言！“分配不公”的情况也是屡见不鲜，尽管有人认识到其中有不少不合理的地方，可是，久而久之，大家也就认可了这种分配方法。于是，真正想干出一番事业的人也会在这种“考核混乱”与“分配不公”中心灰意冷，曾经的热血沸腾变成了漠然置之。当更多的人没有了积极向上的心态时，学校工作成效每况愈下也就可想而知了。

为了解决上述两个问题，文山州一中的突破点是教师的绩效考核，他们的做法是不搞德能勤绩、不搞人为评议、不搞投票表决、不搞所谓的“潜规则”。

其实，目前所谓的德能勤绩考核已经被虚化了，所谓的人为评议已经被随意化了，所谓的“潜规则”已经被投机化了。学校不彻底解决这些问题，调动教师的积极性也就无从谈起。

文山州一中绩效考核的理念是只以分数论英雄，其原因是高校录取以分数为唯一的依据。他们的理解是，只以分数为录取依据，对绝大多数人来说是公平、公正的。至于高分低能、低分高能的学生和一些“偏才”“怪才”，则是极少数的。同理可推，用学生的考试成绩来考核教师，对绝大多数教师来说也是公平、公正的。经过讨论，学校的教师都接受了这一观点。

他们这种观点有可能会引起争议，甚至有人说这是“唯分是举”，是应试教育。其实，仔细想来，这种观点还是有一定道理的。各大高校录取学生的时候也是“唯分是举”，不管是全国还是各省的高考出题者也是想方设法通过试题来考查学生的学识水平与实际能力。当然，其中也会有问题。可是，现在还没有比这种办法更让老百姓与考生放心的。既然如此，用学生的考试成绩来考核教师，又有何不可？当然，这并不等于说这是最科学的方法，而是说在没有找到更科学的方法之前，为什么不用这种接近科学的考核办法呢？

那么，怎样用学生的成绩来考核教师呢？这涉及细致的计算问题，他们应用物理学上的牛顿第二定律和数学上的等差数列原理成功地解决了这个问题。

钟子俊校长说，怎样将不同的学科、不同的年级、不同的基础的班级统一在一个考核平台上呢？他们利用物理定律和数学原理成功地找到了这个平台。学校每学期进行一次绩效考核，就以学生的期末考试成绩为依据来进行计算，计算时精确到小数点后两位数，没有任何人为因素。

科学的数据最有说服力，也最有感召力。当所有的人为因素被剔除之后，教师们就不会费尽周折去拉关系、“走后门”，也不需要看领导的脸色，而是全身心地投入教育教学中，通过自己的努力来提升学生的成绩，并让自己名利双收。其实，现在一些学校学生的高考成绩不太理想的一个重要原因就是，教师没有将全部精力集中到教育教学上，甚至将很多时间与精力放在了人际关系上。长此以往，非但学生的考试成绩无法提高，而且人心也会涣散，进而对学生产生负面影响。

钟子俊校长告诉我，绩效考核是整个薪酬体系的“纲”，纲举目张。绩效考核贯串了工资的发放、职称的晋级、年度的考核、岗位的确定以及优秀先进的评选等几项内容。绩效考核一完成，所有的工作就出结果了，不需要开会，不需要讨论，更不需要争吵和“走后门”。

而一些学校的问题恰恰出在绩效考核上，由此产生的矛盾往往还会延续很长时间。所以，构建一套科学的绩效考核体系，当是学校发展之本，“本立而道生”。开始建立这套体系的时候，当然要有调查研究，要有对利弊得失的分析，要有科学的预测等，可是，它有一劳永逸之效，同时能为教师提供持续发展的不竭动力。

文山州一中所有的规则和计算方法大家都是清楚的，你要拿高工资，你很年轻也想拿高级职称，你想年年当先进，这些都可以通过自己的努力得以实现。当人人都这样想、这样做的时候，还愁学校的高考成绩提高不了吗？

目前，不少人在研究高效教学，而且研究出了不少高效的方法与技巧，可是，如果不能打开每个教师内在动力的阀门的话，尽管也可以产生一定的效率，但是不可能产生如此巨大且持久的效率。因为人的因素才是社会第一生产力，当所有的教师都在为学校发展、为自己争光、为提高收入而努力的时候，他们就会爆发出巨大的生命能量，产生令人意想不到的高效率。

钟子俊校长说，他们的改革是“一个体制”“一个机制”，即“包产到户，责任到人”的体制和绩效考核的机制，这就是整个教学改革的大框架。有句话叫“骨架对了，血和肉才有意义”，否则，骨架乱七八糟，再多的血和肉附着上去，出来的也是一个畸形的“人”。我想这就是问题的核心。

四、河南省洛阳市洛龙区第一实验小学用流程落实常规

2009年10月下旬，我前往河南省洛阳市洛龙区第一实验小学采访，发现学校各项规章制度不但制订得好，而且执行得好。魏明奎校长说，关键是他们有一个科学的流程，用它来落实常规，最后，所有的规章制度都有了文化况味。

魏明奎校长

魏明奎校长喜欢“静水流深”这4个字，喜欢不动声色地管理——让教师在不知不觉中跟着他走。开始的时候，他把思想隐含在工作思路之中，不敢太突兀，这让教师觉得不着边际。为此，他提出了学校工作的总体思路——开发、制作、提醒、跟进。

1. 开发

魏明奎校长所说的开发就是对任何事都不要简单地去想，一定要从教育的角度去研究。任何事都可以被赋予甚至被挖掘出教育的意义，都能成为教育的资源。例如，学生使用橡皮，大家对此已经习以为常。但魏明奎校长提出，能不能不用橡皮，把不用橡皮的做法（写错了就画一条斜线，再写上正确的）开发成学校

的一个关于养成教育的课题。开始，教师和家长都不以为然，学生也很不适应。他就引导大家挖掘这个课题的教育意义：使用橡皮，是在反复告诉学生，可以随便犯错误，犯了错有橡皮可以掩饰；不用橡皮，是在提醒学生，我们是在改正错误的过程中成长的。这除了对人生有重要的意义，也有现实意义。高考一直在强调卷面的干净整洁，可是如何做到卷面整洁一直是一个问题。他们学校的学生从一年级开始便不用橡皮，到三年级时便能解决这个问题了。现在，不用橡皮已经成了该校的品牌。很多家长已经成了学校的宣传员，不但不让孩子带橡皮去学校，就连铅笔上的橡皮头也被去掉了。

不用橡皮是魏明奎校长的创意，而且很有道理。人大都有惯性思维，如果写错就可以擦去，学生对写错也就从心里有了基本的认可。魏明奎校长趁热打铁，告诉大家：我们做的任何工作都可以做类似的开发。教师们惊奇地发现，自己从事的工作真的很有意义。只有感到工作有意义，教师们才会全身心地投入。

他们开发学校的空间，在地面上画上电脑键盘，用于让学生认识键盘，认识字母、标点符号，还可以用来做“跳格子”游戏。他们还在地面上画上电子琴的键盘、各种游戏，教师们美其名曰“让地面长出智慧”。

有教师提出：学校有 200 多扇门，能不能挑选 200 多首古诗词贴在每扇门上？真是好主意！这也是令走进学校的朋友们津津乐道的。

他们还开发时间，把课间开发成课程，创造性地落实了“师生每天锻炼一小时”的号召。2009 年 6 月，河南省学校“阳光体育”推进会在洛阳市洛龙区召开，各级领导光临第一实验小学。时任河南省教育厅体育卫生艺术教育处处长的郭蔚蔚来学校视察时说：“第一实验小学的大课间，创造性地落实了‘师生每天锻炼一小时’的号召，是落实国家‘阳光体育’活动的一个成功案例，具有现实借鉴意义。”

除了时空，他们还开发教师资源，打破学科界限，让不同学科的教师开展多方面合作。例如，体育教师和音乐教师一起为学校创编了一套韵律操，既丰富了学生的校园生活，也让教师获得了极大的成就感。他们自主开发了校园安全课程，配备了专职教师，创造性地解决了校园安全教育的难题。

大家的创新热情都被激发出来了。他们甚至对孩子的鼓掌也进行了开发，表示欢迎的，表示欢呼的……不同的场合有不同的节奏和表情，该校的学生走出校园，无论走到哪里都是亮点。

生命不能处于死寂状态，否则，就没有了任何活力。没有活力，就会缺乏创新思维，甚至慢慢地与创新分道扬镳。这一可怕的结局，毁掉的不只是教师的创新意识，还会由此影响到学生。相反，激活教师的创新热情，他们就会感到无处不充满着生机，就会从“要我创新”转变为“我想创新”和“我会创新”，并能在创新中感受到无限的乐趣。创新让人感到新的生命的跃动，这种跃动又会产生新的创造。于是，激情在教师的心中被点燃，创新思维成了永驻心中的不衰的风景。当然，教师的这种思维又会有意或无意地传递给学生，让学生也激情洋溢，充满生命的活力。

2. 制作

所谓制作，用魏明奎校长的话来说，就是形成做事的标准与流程。标准告诉我们做到什么程度，而流程告诉我们怎么做。

在洛龙区第一实验小学，制度分为两类：一类是规范性的，如考勤制度、师德要求等，这类制度一般只设底线，以粗线条为主，因为即使再细的制度也有漏洞，教师如果思想境界不高，都把心思用在寻找制度的漏洞上，那么这种制度还有什么意义呢？

底线提高了，这个群体的思想境界就提升了。因此，能不能持续提高底线，是对校长的考验。另一类是操作性的，魏明奎校长称之为流程，它是经验的结晶，能指导大家如何把工作做得更好。这类制度要细，要在实践中不断改进、完善。这所学校的年轻教师较多，如果只靠手把手地培养，很难在短时间内达到整体提升的目的。魏明奎校长要求，任何教师开始时必须严格按流程完成自己的岗位工作，积累到一定时候，就可以完善甚至创造新的流程。

综上所述，规范性制度只设底线，人人都可以做到，于是，制度就可以得到真正的落实。这样，无形之中也维护了制度的权威性。

流程是一种人人必须遵守的行动规则，当然，按照流程完成任务，也就有了如何工作的依据。但是，遵守流程并不等于墨守成规，而是在一定的时候完善甚至创造，这就给了教师自主创造的空间。新的流程一旦产生之后，往往可以相对稳定一段时间，此后又被新的流程所取代。如此不断地在流程中工作，又不断地完善与创造，就既有了工作的规定性，又有了永不停歇的创新性。规定定格在心里，无须引领就可以自行工作；创新活跃在心里，无须启发就可以激情喷涌。

魏明奎校长认为，一个集体，要想提高效率，必须有序，这也是他们学校引进流程的目的。

其实，我们认真研究每项工作后就会发现，总有那么一个或几个关键环节，就此寻求最有效的解决方式，并用流程固定下来，就形成了科学高效的管理。

洛龙区第一实验小学几乎每件事都有流程与标准，哪怕是刚进学校的新人，工作起来也是有据可依，不会感到迷茫。举个简单的例子，学校对作业批改有严格的规定，如书写规范、批改符号统一、作业次数与批改次数、教科室抽查的标准等，每位教师都清清楚楚，哪怕是新手也能做得很好。

详细的标准和流程，保证了学校工作的正常运转，这也是学校能够不断发展的基础。

对考务会，大家司空见惯。魏明奎校长逐步把考务工作也用流程规范下来，并取消了考务会，把教师从频繁的会议中解放了出来。珍惜教师的时间，就是以人为本。

教师的工作随意性比较大，如果没有自觉意识，就可能在一次又一次的随意中影响教育教学的质量以及教师工作品质的提升。流程将随意性变成规定性，使教师做任何工作都有据可依。这样，教师因心中有数而少了很多随意性，也少了很多不必要的失误。这也是对教师负责，能让教师特别是年轻教师较快地进入工作状态之中。

此外，谁若对流程提出改进意见，就是为学校的发展贡献智慧，学校一定会给予其精神奖励和物质奖励。奖励对流程提出改进的教师，能激起他们的创造激情，甚至让他们产生改造流程的使命感。这样，他们就会对既有的流程进行审视和研究，不是受外力的推动，而是自己有了内在的要求。而一次又一次地改进流程，既是一次又一次提升工作质量的过程，又是一次又一次增强教师的创新意识的过程。当一个群体有了责任感、有了创新意识之后，学校就驶进了发展的快车道。

3. 提醒

魏明奎校长说，提醒是他们持续不断地改进工作的重要一环。他们学校的管理与其他学校最大的不同就在于几乎没有处罚规定，培育的是“提醒”文化。

魏明奎校长明确地跟教师算过账，比如，你迟到了，学校罚你 10 元钱，你会心安理得地认为，我有错，学校罚了，扯平了，迟到等于10元钱。现在谁会在乎10元钱呢？于是，他们学校不处罚教师，而是理解教师，教师的思想境界都比较高，迟到肯定是有这样或那样的原因，教师一定会在心里提醒自己，不要再迟到了。不迟到，大家理直气壮地进学校；迟到了，会影响一天的心情，损失的是自己。洛龙区第一实验小学的教师不管是到校工作，还是外出学习，从未出现过迟到早退的现象。

“提醒”是洛龙区第一实验小学的一种文化，也是一种人文管理的策略。文化的核心是直抵人的心灵的。对教师而言，“提醒”虽然没有处罚的外在压力，却使他们在心里拷问自己，从而更加自觉地要求自己。

同时，教师们从学校领导的尊重中也体会到了浓浓的人情味。尊重是相互的，当校长尊重教师的时候，教师也会尊重校长。这样，就会在领导与教师之间形成一种和谐的关系。我甚至认为，尊重也是一种生产力。如果相互不尊重，不但影响彼此的感情，还会影响工作的质量。教师的不良情绪往往会辐射到学生身上，从而产生比较大的负面影响。相反，当教师心情舒畅的时候，就会产生一种正能量，也会辐射到学生身上，从而产生积极的影响。

4. 跟进

魏明奎校长说，“跟进”是学校管理的最终目的。他们学校提倡远离原点，坚决反对原地踏步。流程有了改进，提醒有了效果，学校相关部门都会在第一时间跟进，实实在在地让全体教职工感觉到学校一直在进步。

很多学校几十年如一日，原地踏步，不但不能归因于教师，更重要的是校长应对教师心怀歉疚——不能引领教师远离原点，不能引领教师在工作中让人生增值！

跟进是改进工作，更能让教师得到提升，感到教育不是在原地踏步，而是在为自己的人生增值进行持续的投入，教育工作会给自己一个丰厚的人生。

有人教了一辈子书，依然在教书匠的怪圈里走不出来，生命质量可想而知。对此，很多人归因于教师的职业倦怠。是的，有一定的这方面的原因；可是鲜有人对更深层次的原因进行探索。一位不好的校长会将原本优秀的教师变得平庸，而一位好的校长可以催生出一批优秀教师。

所以，必须“跟进”！不是有了流程就按部就班地走下去，而是要变化，要发展。学校要发展，教师也要发展，即增值。教师不仅能积累教学经验，还能提高文化品位、思想人格和审美情感，以及知名度、美誉度和信赖度。这样，他们就会虽累犹乐，虽苦犹荣。而一位教师的发展，可以带动一大批学生的发展。从这个意义上说，跟进的不只是教师，还有学生。而学生当下的发展，还会跟进到他们未来生命成长的历程之中。

魏明奎校长认为，“开发、制作、提醒、跟进”这8个字，每年都是他们学校教师测试的内容，开始是填空，写出8个字，后来是根据岗位工作用自己的实践阐释这8个字。这个工作思路不仅在学校层面运行，而且已经成了教师做一切工作的基本思路，甚至深入每个教职工生活的方方面面，成了习惯。

好的制度与机制，可以让原来优秀的教师更优秀，让原来平庸的教师主动地走向优秀；相反，不好的制度与机制，则会让优秀的教师不再优秀，平庸的教师更加平庸。可是，每位教师只有一个人生、一次生命，只有构建好的制度与机制，才能让教师的生命更精彩，让他们所教的学生更幸福。从这个意义上说，魏明奎校长真的是“功莫大焉”，因为他所构建的制度与机制让学校师生拥有了人生更大的意义与更多的幸福。

第五讲

心灵催生能量

——淡然处世让人生更加精彩

超然的心灵和高效教学有关系吗？不但有，而且非常密切。

当今社会竞争日益激烈，环境日益恶化，我们的心也开始浮躁不安。在这种心境下，做任何事都很难抵达高效的境界。如果我们的心灵能处于宁静与超然中，则会使我们产生定力，使我们的内心不受外界左右，并学会接受现实世界的残缺和不完美，从而在接纳的基础上积极快乐地去做自己当为、可为之事。如此，便能让自己的身心始终处于和谐之中。

我发现，真正的高效如果没有自由的心灵做基础是很难达成的。如果没有宁静的心灵，生气或情绪烦躁的时候，学生能认真学习吗？能写出好文章吗？能快速背诵课文吗？杂念一多，大脑便很难集中于眼前的事，做任何事都会无限延长时间，降低效率，可见高效需要安宁的、自由的环境。

我上小学的时候，历史课本上说埃及金字塔是由一批批奴隶辛辛苦苦建造而成的，但是现在我国新编的大学历史专业教科书及中学课本已经不再提“金字塔是由奴隶建造的”这一说法。如上海市二期课改中历史教材的提法是“作为世界建筑史上的一大奇迹，金字塔是古代埃及人卓越的创造性智慧的结晶”。为何有这种调整？早在1560年，瑞士的一位钟表匠塔·布克游历埃及时便断言：金字塔的建造者不会是奴隶，而应该是一批欢快的自由人！1536年，塔·布克因反对罗马教廷的刻板教规而被捕入狱。由于他是一位钟表制作大师，入狱后被安排制作钟表。在那个失去自由的地方，他发现无论狱方采取什么高压手段，自己都不能制作出日误差低于0.1秒的钟表。可是，入狱前的情形并不是这样。那时，他在自己的作坊里能轻松地制作出日误差低于0.01秒的钟表。为什么会出现这种情况？起初，塔·布克将其归咎于制造的环境。后来，他越狱逃往日内瓦，才发现真正影响钟表准确度的不是环境，而是制作钟表时的心情。塔·布克在日记中记录道：“一个钟表匠在不满和愤懑中要想圆满地完成制作钟表的1200道工序是不可能的；在对抗和憎恨中，要精确地磨锉出一块钟表所需要的254个零件更是比登天还难。金字塔这么大的工程，建造得那么精细，各个环节衔接得那么天衣无缝，建造者必定是一批怀有虔诚之心的自由人。很难想象，一群有懈怠行为和对抗思想的人能让金字塔的巨石之间连一片刀片都插不进去。”2003年，埃及最高文物委员会宣布，通过对吉萨附近600多处墓葬的发掘考证，金字塔是由当地具有自由身份的农民和手工业者建造的。2012年1月10日，时任埃及最高文物委员会秘书长的扎希·哈瓦斯在一份声明中说，金字塔是由受雇工人而非奴隶建造的。此前，哈瓦斯还在这些墓穴的墙壁上发现了工人们的一些涂鸦，他们称自己为“法老胡夫的朋友”，这也能证明这些工人不是奴隶。同理，教学也是这样，如果没有自由的心灵，永远都别想实现高效教学。

一、老咪的超然心灵

老咪

我采访过一个小女孩，叫老咪，这是她的别号。她的父亲王辉湘当时是前卫报社的记者。但是这位记者不一般，他喜欢哲学，也是个诗人。女儿出生以后，他给她取了一个很好听的名字——王筱菲。王辉湘认为，孩子的学习是从出生便开始的，所以只要一有时间，他就给女儿读古今中外的大师的哲学和诗歌。他的女儿也怪，只要听他读，就会非常安静。

王筱菲 4 岁的时候对父亲说："爸爸，我长大了一定要当大思想家、大诗人。"父亲认真地回答："肯定没有问题。"他带女儿去济南动物园，女儿很喜欢动物，特别是看到老虎就不舍得离去，还对父亲说："这只老虎走起路来威风凛凛，大摇大摆，我怎么越看它越觉得它像个大思想家。它这么好，您给我买一只老虎，咱们养起来吧。"父亲说："我们没有办法养老虎，我给你买一只'老虎的师傅'吧。"

然后，王辉湘就带着女儿到了卖猫的市场，他说："你觉得这种小动物怎么样？你别看它小，老虎的本事可都是它教的。"王筱菲一看这些猫，虽然体型很小，却不失大家风范，于是说："行，我们就买一只'老虎的师傅'。"父女俩就买了一只小猫抱回家。

晚上父亲酣然入睡之后，王筱菲却睡不着了，她想："大事不妙，我是属鼠的，老鼠和猫是死敌，我得给自己重新起个名字。起什么名字呢？老猫，不雅；大猫，也不好；小猫，很好听，但是有点儿小家子气。哎，大家不都管猫叫猫咪吗，我就叫'老咪'吧。"从此，老咪的名号渐渐叫响了，却很少有人知道她的原名叫王筱菲，包括我和她一块儿写的书《跨越中英两国的教育机智——陶继新与老咪的心灵对话》，也是署名老咪。

老咪两三岁时就特别喜欢听父亲读诗。尽管她还不懂诗的意思，但那平仄起伏的韵律美，那抑扬顿挫中所蕴含的奥妙，却似磁石一样吸引着她。于是，她也经常说一些像诗一样的话。遥望夜空时，她脱口而出："天上的星星真美呀！是爸爸为我买的吧？"

老咪四五岁时开始遍览中外童话与名著连环画，而且开始写诗。她家门厅的整扇窗子涂满了她的诗与画，右下方是她用毛笔写下的唐代诗人贾岛的诗句"一日不作诗，心源如废井"。每写一首诗，她都将童趣与真情贯注其中，呈现出清水出芙蓉般的美来。

老咪五六岁时已经写了20多首诗，她开始问父亲：够不够出一本诗集？父亲为了激发她的创作热情，便将这些诗打印出来，装订成册，名曰《咪咪诗集》。

老咪8岁时正式出版了第一本诗集《因为太阳的缘故》，12岁时出版了第二本诗集《把风雨做成标本》。上初二的时候，她在青岛大学开了一场讲座，叫《生而知之与学而知之》。人们觉得不可思议，一位教授说："老咪，你不是会作诗吗？我给你现场出个题，你来作诗如何？"老咪说："没有问题，您出吧。"这位教授说："你就用'生而知之与学而知之'作一首诗吧。"老咪一挥而就。教授感叹说，老咪简直是天才中的天才，不可想象。

很多人觉得老咪是天才，小小年纪，却能够超然物外。其实，这完全是因为老咪有一颗完全自由的心灵，王辉湘给了老咪一个完全自由的成长环境。老咪的心灵有多自由，是一般人无法想象的。我们在生活中会经历很多不如意的事情，每当遭遇不好的事情时，我们往往会精神沮丧，甚至怨天尤人。但是老咪的态度是这样的："许多人觉得人生是一场必输的游戏，我却觉得人生是件稳赢的事情。因为这个过程原本就超越了是非，超越了功利，我们只是经历着。如果只是经历，那么一切都会变成礼物。我们经历了伤心，因为我们经历了用心；我们经历了失去，因为我们经历了拥有；我们经历了生命，我们也必然会经历死亡。如果我们了解这个过程，便不会再执着于伤心、失去以及对死亡的恐惧，而会充分地体味当下的用心、当下的拥有、当下的生命。我喜欢奥修说的一句话：'要一个片刻一个片刻地去生活。'这样就体会到了每一寸光阴里的祝福。"

老咪主张作为动态的人要有一颗静态的心，她认为真正的静心，应当是宁静笼罩一切，极乐无拘无束地悸动着，和谐无边无际地弥漫着，然而没有人记录这一切。静心者忘却了一切，无论投多少石子，心依然如平静的湖面，没有一丝波澜。到达这高远的境界时，什么都消失得无影无踪。压力也好，轻快也好，失败也好，成功也好，对此老咪都可以一笑置之，体现了罕有的乐观情绪与健康的心理。

2009 年 4 月 30 日，《现代教育导报》的一位编辑邀请我写一篇一万字的文稿，而且要求当天傍晚交稿。于是，我想到了老咪，老咪当时在哪儿呢？她正在伦敦政治经济学院读人类学研究生。我便给她打了一个越洋电话，我说："老咪，我们俩一块儿完成一篇文章吧。"她问："老师想写什么文章？"尽管她称我"老师"，其实我认为她比我厉害多了。我说："我们谈谈写作吧，或者谈谈中英语文教材的对比。"她说："我们谈写作吧。"就这样，通过QQ，我们既谈写作又谈人生，两个多小时，一万字的文章出来了，主标题是"大道至简"，副标题是"人生感悟对话录"。文章发表后，引起了很大的反响，很多人都争着看这份报纸，然后很激动地向我反馈所受到的心灵震撼。我选了一段我们即兴对话的内容，与大家分享。

老咪：不单是阅读与写作，对待情感与生命也是如此。当你执着的时候、目的明确的时候，你最多只能得到你追求的那一点。而当你以开放的心态、与世界合一的心态去生活时，因为没有了界限，所以就有了辽阔与境界。

陶继新：无所求才有所得，这是天地规则。大凡有求者，多是失利者。正是无所求，才有了海洋一般的胸怀，才有了博大的视野。写作如此，做人也是如此。

老咪：正是。昨天我去逛书店，一个妹妹想看谋略方面的书，我却真的不知道该给她推荐什么。我想，这个世界上的人都想用"聪明"的方式生活，是错过了"道"的最主要原因。聪明就是技巧。如今连友谊、爱都有了技巧，那就说明，许多人都丧失了最本质的能力。大道至简，当这个世界越来越复杂的时候，人们只是迷失地表现自己，这不是一种进化。

陶继新：有的人买了一些如何走向成功方面的书，而且向我推荐。我说，我不看，也不主张你多看。因为一心想着成功的人，是不可能成功的；一心想追求物质利益的人，最终也必然被物质诱惑所埋葬。这几年，我没有刻意地去追求物质享受，在有的人看来甚至有点儿不合时宜。其实，我的心灵却是特别丰富的，甚至是高贵的。以前，我犹如在荒无人烟的沙漠上漫无目的地走着，这几年才有了恍若云游于天际、坐看云起云落而又心旷神怡的感觉。

老咪：其实，我上次见到老师的时候就有很多感慨。我知道您已经和以往不可同日而语了。我们没有交谈什么，但那该被了解的已经被了解了。人生是如此美妙，这真的是我常常感受到的。

陶继新：以前，我觉得生活、工作中有很多烦恼的事情。现在，几乎没有，因为“简单”了。我不计较自己的得失，不回应别人的攻击，不向往成名成家，而是守持着心灵的一份宁静，很美，很甜。有的时候，看着一些聪明人在做所谓的聪明事，我觉得非常可笑。因为在我看来，当下的聪明，却是为自己埋下了愚蠢的恶果。所以，大智若愚，小智只是聪明。

老咪：好的文章应该如一条河流，或急或缓，有自然的律动，最后到达海洋，那无限的“道”。

陶继新：你的这个比喻很好。好的文章就是一条流动着生命活水的河，它可以一泻千里地奔腾，也可以在山间曲径中回旋。而当这些河归至大海时，才有了融入“大道”的感觉。写作也不能计较得失，也不能有太多的功利思想。不然，就进入不了“道”的境界。

老咪：很对。当心灵超然于一己得失的时候，那种放松与满足会外显在文字里、在面容上、在步伐里、在每一次呼吸当中。

陶继新：心灵的超然对写出好的文章同样重要。以前我写作的时候总是赶时间，并想着能写得让人满意，于是心灵先躁动起来了。现在不是这样了。在任何时候，在任何情况下，我的心里都很放松。再急的稿件，也不能打乱心灵的和谐与平衡，不然，你的文章也就会乱起来。

这篇文章出来以后，我给山东省教育厅副厅长张志勇打了个电话，希望他正上高中的儿子看一看。结果，他不但让儿子看了，自己也认真地看了，而且写了一篇博客《感谢“六一”——关于生命的断想》，我从中选取一段，摘录给大家。

前几天，陶老师向我推荐他和老咪的《大道至简——人生感悟对话录》，希望我儿子能看一看。我知道，陶老师与老咪的对话是谈人生的。在转给儿子之前，我也认真地阅读了一遍。这段对话同样给我的人生以深刻的启迪。读完这段对话，我本来想继续我主编的《中国教育的拐点》一书的写作，可打开书稿的时候，我有点儿大惊失色——自己在端午节期间辛辛苦苦写就的稿子不见了，记录自己写作历程的那份稿子的时间留在了5月3日，我怎么也找不到这几天写的稿子。在我使用电脑写作的初期，曾经出现过这样的事情，那时刚刚用电脑写作，每每出现这样的事情常常让我捶胸顿足……可今天，读了陶老师与老咪的对话，尽管自己也有些着急与无奈，但我更多了一份平静与超然：丢掉了的，不会重来。这就像陶老师说的，这几年他变化最大的就是遇到什么事也不着急。不着急是人生的一种境界！

当有了超然的心灵以后，我们就不会再浪费时间和精力在那些无谓的事情上了，这样效率能不提高吗？当心里波澜起伏，特别是感到愤怒、怨恨的时候，不仅不会高效，甚至会举步维艰。所以我跟教师们谈高效教学的时候，经常让大家关注心灵，如果仅仅追求表面上的技术、方法，那是一种小聪明，并易于“聪明反被聪明误”。追求高效者需要进入“道”的境界当中去。

二、苏同安的平和心态

苏同安是山东省桓台第一中学的数学教师，30年来一直奋斗在教学一线，长期担任教研组长和班主任工作，系山东省特级教师、齐鲁名师。在高考竞争激烈的人口大省——山东省的一个小县城的中学里，在淄博市进入山东省高考成绩排名前200名的18名学生中，他所带的一个班占了6名，有4人考入清华大学、北京大学。在体现智慧和意志的全国数学竞赛中，他辅导的学生多次勇夺一等奖。他先后主持两项国家级课题，所授课被纳入国家课程资源库，参与教师培训教材的编写，尽心培养青年教师，在全省高中教师全员研修中多次被评为山东省优秀指导教师，近年来先后荣获淄博市数学学科带头人、淄博市教育教学创新人物、淄博市十佳师德标兵、淄博市首届教书育人楷模、淄博市高层次人才、山东省数学奥林匹克优秀辅导员、山东省教学能手、山东省优秀教师等荣誉称号。

苏同安老师

苏同安老师给学生讲如何以一颗平常心对待高考

很多人感到奇怪：为什么苏同安老师不但自己的教学效率高，学生的学习效率也高呢?

他淡然地笑笑说，大自然有风和日丽，也有暴风骤雨，这恰恰构建了大自然内在的和谐。人亦如此，人的一生，会有成功，会有顺境，也会有失败，会遭遇逆境，这恰恰构建了一个人的生命和谐。成败、顺逆、得失，都属于生命进程中的一根又一根链条，谁也无法打破它。所以，在取得成功的时候，没有必要骄傲自满、洋洋得意；在遭遇失败的时候，也不必垂头丧气、唉声叹气。明白了这个道理，生命才能长期处于优质的状态中。

苏同安就是这样一位宠辱不惊的教师，他明白天地之道、生命之道，在任何时候都能保持一种平和的心境。

他取得好成绩的时候，从不过分惊喜，因为他认为这原本就是自己积极工作的结果。知道自己的班级有 4 个学生考上清华大学、北京大学的时候，他心如止水，认为那是意料之中的平常之事。自己的学生参加竞赛，获得了全市仅有的两个全国一等奖时，他也只是淡然地笑笑，因为在他看来，收获的背后是付出，结果固然很好，而过程才是最美的。有的人为了追求好的结果，急功近利，不择手段，却大多事与愿违；即使一时获得了奖励，那也只是昙花一现，甚至可能成为未来生命发展中的障碍。

在考试监场的最后阶段，教师都会提醒学生：“离考试结束还有 15 分钟，请同学们把握好时间。”结果，不少考生因为紧张或压力太大或答题思路出现障碍不能静下心来，而产生焦虑不安的情绪，结果可想而知。实际上，这种情况在日常的学习和生活中也经常见到：自习课的最后十几分钟、周末放假前课堂上的十几分钟，都有可能对学生形成一种心理冲击，让学生在这些时段静下心来，对提高他们的学习质量甚至生命质量都会起到不小的作用。

苏同安老师发现，当1000多名学生同时涌入餐厅的时候，一般是不可能都立即吃上饭的。可是，饥肠辘辘的学生是很难有耐心等待下去的。于是，苏同安老师召开了一个主题班会。他对学生说："我们能不能晚去餐厅10分钟？一是可以节约排队买饭的时间，二是可以让心灵安顿下来。"其实，即使学生早去餐厅，也未必能早早地吃上饭，而且会使自己处于急躁状态之中。开始的时候，看着奔向餐厅的其他班级的学生，班上学生的心里也已跃跃欲动。可时间一长，他们就能定下心来，从从容容地做一些有意义的事情，直到10分钟后，才从容不迫地走向餐厅，不慌不忙地吃饭。

周末放假，学生不管是到车棚推自行车，还是到校外乘坐公共汽车，抑或跑向家长的车，都因人多、忙乱而无法较快地走出校门，10分钟甚至20分钟的时间仍处于慌张的状态中。更有甚者，还没有放学，心已经飞出了校园，由此影响的学习时间就不止10分钟、20分钟了。苏同安老师对学生说："我们能不能静下心，等一会儿再走？可以学习，可以做其他事情。"于是，任凭外面热热闹闹，他们班的学生依然能安安静静，或读书，或复习，或做作业。放学20分钟后，他们才有条不紊地收拾东西，走出教室。苏同安老师说，这种安静放学的现象背后，是心灵的安静。当苏同安老师将这些道理讲给家长听之后，他们很满意，深为孩子能有这样一位充满智慧的班主任而感到欣慰。

在一般人都很急躁的时候，能保持一颗平和的心，不仅是一种良好的状态，也是一种很高的境界。即使如高考这样的特殊场合，还有10分钟就到交卷时间了，苏同安老师的学生也能不慌不忙，表现出特有的淡定与自然。苏同安老师认为，他的学生大都能因心理安然而比一般考生多得一些分数。尽管这不是他追求的目的，可心态平和之后，有些好的结果就不求自得了。

有一年，苏同安老师的妻子在医院生孩子，家中失盗。他微笑着说，旧的不去，新的不来。他在说这话的时候，好像在开玩笑，轻松而幽默，因为他心里就是这样想的。同时，他告诉学生，说不定哪一天会发生出乎意料的事情，甚至是厄运，可是，不要慌，也不要乱，更不要痛苦，而要坦然接受、乐观面对。这样，你的心灵就永远处于平静的状态，就不会影响你的工作与学习。

在与苏同安老师的学生耿直聊天时，他感叹不已地说："苏老师的心态十分年轻，特别像小孩。跟苏老师学习一年多了，不管任何时候，他在我们面前都是活力四射、精力充沛、充满阳光。跟着他，永远是快乐的，永远是幸福的。"

有的时候，苏同安老师又特别静，在名利诱惑面前不为所动。学校师生说到苏同安老师的时候，对他一致评价道："他永远都有乐观的心态，是一个无条件的积极的人！"

良好的心理品质一旦形成，不但有益于当下，也可以终身受益。

三、韩忠玉的自信教育

韩忠玉校长

我曾在《中国教育报》上发表了一篇文章，题目是《全面启动学生心理自信系统——安丘四中高考神话诠释》，文章开头是这样写的："在 2003 年高考中，潍坊市本科上线人数在山东省独占鳌头；而安丘市的本科上线人数又在潍坊市名列第一；安丘四中则成为全市本科完成率第一、班均进线人数第一、本科升学率第一的一所学校，捧得了安丘市唯一一家'育人突出贡献奖'的奖杯。"

这所拥有 196 名教职工、2600 名学生的山东省安丘市第四中学（以下简称安丘四中）是一所农村高中，第一学历本科毕业的教师只有 3 人，生源多为沂蒙山区农村孩子，新生多是城里重点高中的落榜生。

那么，这所被人们誉为创造了"青石板上创高产"奇迹的学校，成功的内在原因究竟是什么呢？

韩忠玉校长一语道破"天机"："自信是成功之母，自卑是失败之父。"安丘四中神话的核心便是全面启动了学生的心理自信系统。

1. 墙壁文化的个性色彩与自信启迪

在安丘四中校门外墙上写有一行醒目的大字："我们要善待每一个学生，相信每一个学生，做到一个也不放弃。"

初入该校的学生，多是被挡在城里重点高中门外的中考生。2002 年高中毕业的学生，在全市中考成绩排名前 1000 名的，安丘四中只有两人。该校学生大多心理受到创伤，看到如此亲切的话语，未入校门，一种被重视、被信任的感觉便油然而生。

校门西侧墙上所写的更加精彩："社会评论：安丘四中今非昔比；教师坚信：四中学生潜力无穷；儒士箴言：坚持不懈，必定成功；送进一个学生，还你一个栋梁；安丘四中——大学生的摇篮。"

对于新生，学校的首要任务就是将其从自卑的泥潭里拯救出来，让自信的彩旗在其心里飘扬。墙上的话语，就是提升学生自信心的精神之源。这些原本认为大学遥不可及的学子，在踏入校门的第一时间就开始做起了从未有过的大学之梦。

教室文化虽然各具个性，但都是自信与努力的主题。我在学校教室的墙上看到了许多来自学生的作品："我自信，我出色；我努力，我成功。""自信创造奇迹，拼搏续写神话。""脚踏实地山让路，持之以恒海可移。""把信心留给自己，把孝心献给父母。""不经风雨，怎见彩虹?""用六个月创造一个奇迹，用六个月给自己一个惊喜。""知识改变命运，现在决定未来。""心志决定命运，态度决定高度。""苦学三年，幸福一生；逝者如斯，点亮红灯。"

学生创造了这些教室文化，也守持着这种教室文化。举目所见，都是这些促人自信、激人奋进的话语。久而久之，学生就形成了一种心理定式：通过努力，定能收获成功的硕果。群体良好的心理状态与持之以恒的学习精神，共同营造了书香四溢的教室文化。

2. 激情宣誓张扬自信的风帆

通过宣誓提升学生的自信心，是安丘四中的一项创造，也是安丘四中教育上的一道独特的风景。

学生在宣誓

由韩忠玉校长亲自拟定的学生誓词，分别张贴在各个教室左前方的醒目位置。每逢周日晚上班会之前，各班学生都会举起右手，握紧拳头，在值日班长的带领下庄严宣誓："我非常聪明，我潜力无穷。我要在老师的教导下，告别三闲，静专思主，刻苦学习，遵守纪律，加强锻炼，全面发展，为40岁做准备!”

铿锵有力的誓言，叩击着每一位学生的心弦，使学生涤荡心底的消沉，树立昂扬的斗志，张扬自信的风帆。

安丘四中不但有誓词，还有“誓词诠释”。对于这一充满自信的学生誓词，安丘四中人的诠释有着激人奋进的情感张力：“18岁是美丽的，而人生旅途最绚丽的一页在生命的40岁时翻开。不要说40岁多么遥远，20年其实是弹指一挥间。信心和毅力能把你推向任何追求的目标。缺乏恒心和毅力，虚度今日，等待你的将是无穷的悔恨和遗憾。追求先贤成才路，浩瀚人间，我们将发现，40岁的辉煌来自18岁的志向和20年的血汗。珍惜你拥有的青春年华，好好地把握现在，才能赢得未来，才能将你如日中天的40岁勾画得绚丽灿烂。许多成大事、立大业的人，成功的根源就在于求学时所拥有的信心和毅力。信心和毅力是人一生中最不能丢的东西。”

安丘四中的学生对这一“誓词诠释”情有独钟，每次诵读都激情澎湃，都会形成这样一个意念：花季年华的潜力开发与信心张扬，定能迎来40岁的绚丽辉煌。

安丘四中不仅有学习誓词，还有跑操誓词。每天早晨，操场上国旗迎风飘扬，学生步伐整齐，口号洪亮有力：“脚踏实地，奋力拼搏。敢立壮志，誓夺第一。四中学生，潜力无穷，自强不息，我要成功。”

高二（13）班的潘倩倩同学说：“跑操有利于我们的身体健康，宣誓则增强了我们的自信心。有时遇到困难或者苦恼时，喊一喊，忧愁顿时烟消云散，心里变得一片光明。”潘倩倩同学说，第一次她是笑着宣誓的，因为在初中没有这种宣誓，只是感到新鲜有趣而已。后来班主任讲了宣誓的意义，同学们则严肃起来。

渐渐地，这种宣誓成了一种心灵洗礼、一种庄严承诺。

据化学教师刘建新讲，每天上午第一节课预备铃响后，学生在班里还要高声诵读：“一个人的一生只有三天：昨天、今天和明天。昨天已经过去，永不复返；今天已经和你在一起，但很快也会过去。明天就要到来，但也会消逝。抓紧时间吧，一生只有三天。”

这种宣誓如战斗前的号角，令学生立即进入“战斗”的状态。学习的紧迫感以及精力的高度投入，就在这宣誓中拉开了帷幕。

学生有学生的誓词，教师也有教师的誓词。开学典礼上，全体教师要庄严宣誓：“我们用我们的智慧去启迪学生，我们用我们的情感去感化学生，我们用我们的人格去陶冶学生，从而让学生真正做到亲其师、信其道。”

神圣的承诺，和着神圣的师德，同庄严的声音一起，驶进学生的心灵世界。

3. 别开生面的国旗下讲话

升国旗不但有誓词，还有讲话。而讲话的主要内容，也是激人奋进，给人自信心。韩忠玉校长就做过这样的讲话——

在《圣经》里记载了这样一个故事：摩西带领以色列人出埃及，过红海，来到一片旷野，三天三夜都没有找到水喝。好不容易到了玛拉，却发现那里的水是苦的。人们不由得大声抱怨。岂不知，只要再走一段路程，就到了以琳。那里有的是泉水和棕树，大家完全可以在那里安安稳稳、舒舒服服地安营扎寨，尽情休息。

常言道：“行百里者，半九十。”最后一段路往往是最为艰苦难行的。这是因为开始的时候，人多雄心万丈，心怀希望。然而，经过长途跋涉，人们精疲力竭，信心渐失，于是便感到前途渺茫，难以坚持，以致前功尽弃。

著名航海家哥伦布每天在他的航海日记的最后总要写上这样一句话：“我们继续前进！”这种看似重复的平淡之语，却包含了巨大的毅力和无穷的信心。就是凭着这样一种大无畏的精神，哥伦布向着茫然无知的前方挺进，穿越惊涛骇浪，历经蛮荒野地，克服艰难险阻，终于发现了新大陆，演绎了世界历史上惊人的壮举。

时至今日，我们每一位同学都到了异常关键的时刻，无论前进的道路多么崎岖难行，无论如何困乏疲惫，只要我们勇敢地走下去，我们坚信，不是过了“玛拉”，到了“以琳”；就是穿越惊涛海浪，发现了“新大陆”！

很多人认为国旗下的讲话肯定要慷慨陈词，富有极浓的政治色彩。但韩忠玉校长认为，学生厌倦了空洞的说教，对空中楼阁式的“政治教育”心怀抵触。而形象生动的故事、恰到好处的点拨，往往可以起到意想不到的教育效果。正是洞悉了学生的这种心理，才有了国旗下庄严宣誓之后的这番别开生面的讲话。

在我采访时，安丘四中已经名声远播，除划片招生的学生外，外地的一些学生也慕名而来。我想，他们在圆大学之梦的同时，收获的将是比走进大学更加重要的信心与动力吧！

四、魏书生的“松静匀乐”

魏书生的“松静匀乐”在教育界几乎无人不知、无人不晓。

用他自己的话说，所谓“松”，就是总处于轻松的状态。有一百件事儿，不也得一件一件做吗？既然要一件一件做，有必要紧张吗？所谓“静”，就是心灵宁静。要守住心灵的宁静，就要以静制动，以不变应万变，以我心应万物。对自己说了不算的事儿要看得开、想得透，让别人去干；对自己说了算的事儿要拿得

魏书生老师在做报告

起、进得去、想得深、干得实。这样，你天天都在收获、在成长、在发展、在顿悟、在认识、在掌握事物的规律，能不幸福吗？所以，要守住这颗宁静的心。所谓“匀”，就是一口气直到涌泉穴，然后将疲劳之气从涌泉穴开始呼出，再一口气进入涌泉穴。这么呼吸的时候，每一呼一吸都是一种幸福，都是一种享受，想得病，可能吗？天天这样品尝人生，自然一呼一吸都在感恩之中，都在健身之中。所谓“乐”，就是要以快乐的态度对待人生的磨难，对待人生的进退起伏、荣辱得失。对自己说了不算的事儿看开了、想通了、放下了，对自己说了算的事儿拿起了，你自然就快乐了。天天活在这种心态中，你会不健康吗？

每天走进校园时要“松静匀乐”，师生问好时要“松静匀乐”，见到同事时要“松静匀乐”，见到校长时要“松静匀乐”，见到朋友时要“松静匀乐”，哪怕是见到对手时也要“松静匀乐”，这一下把他弄蒙了，不知道怎么出招了，只好对你苦笑一下。第二天你见到他时还是“松静匀乐”，他只好苦笑两下。人与人之间能有多大冤仇？“度尽劫波兄弟在，相逢一笑泯恩仇”，一百年后，谁都见不着谁了。

他认为，班主任走进班里时应该“松静匀乐”；老师开始备课时应该“松静匀乐”，打开教材时应该“松静匀乐”，写教案时应该“松静匀乐”。但有的老师写教案时就不这么想，而是一边写一边生气：“这个破玩意儿都写过多少遍了，不写难道就不行吗?”不写还真不行，因为校长要检查。糊弄他不行吗?糊弄也不行，他查到了会生气。于是，这位老师一边写一边烦闷，一边写一边生气。这样做亏不亏?最亏的可不是这会儿多生了气，最亏的是用青春训练了自己擅长生气这根脑神经的工作能力，提高了它生气的技术水平，以后只要一拿起笔来写教案，这根脑神经就进入工作状态，你就得在它的控制下生气。多冤哪！很多人就是这么活着，就是这么干活，就是这样训练自己擅长生气的那根脑神经、擅长发牢骚的那根脑神经。你发牢骚的“功力”提高了，生气的水平提高了，结果糟蹋了谁?不是在糟蹋自己吗?

他认为，老师写教案时就应该“松静匀乐”。多美呀！一边上班，一边用工作时间练自己的钢笔字，你占了多少便宜！好了，备完课走进教室时“松静匀乐”，组织教学时“松静匀乐”，处理纠纷时“松静匀乐”，开口讲课时“松静匀乐”，回身板书时“松静匀乐”，一天工作时“松静匀乐”，下班回家时“松静匀乐”，上市场买菜时“松静匀乐”，讨价还价时“松静匀乐”。你跟人家急，人家能降价吗?你跟人家“松静匀乐”，卖菜的都会受到感染，给你降价。回家洗菜、炒菜时“松静匀乐”，吃的时候就更不用紧张了。这样就大大降低了生存成本，提高了生活质量。如果总把干活当作一种享受，那么你天天都生活在这种享受之中。

其实，他的很多著作就是在这种状态下写出来的，他并没有加班加点，也没有熬夜写作。那么，听听我在采访魏书生时，他是如何说的——

谁要跟您说魏老师干得很累，经常写稿、写书到后半夜，您千万别信，根本没有那回事儿。20 世纪 80 年代，我回家后基本不写稿；20 世纪 90 年代，我当校长的时候回家后不写一个字，我那些书稿都是在教室里写出来的。下班铃响后回家过正常的日子，绝不把班上的工作带回家。我的《语文教学探索》那本书是 20 世纪 80 年代写的，学生上数理化课，高高兴兴地讨论问题，我就在后面跟读者一篇一篇地谈心，我想让自己打工干活的辛苦顺着笔端，高高兴兴地流淌在纸上，和读者谈心。读者一看，魏老师这句话说错了。错了吗？改。魏老师这句话有点儿道理。是吗？继续往深处钻研，不就是这点事儿？《语文教学探索》那本书印了几十万册，而我就写了一个多月。我的《班主任工作漫谈》那本书是 1993 年我用了三个月的时间在教室里完成的，正式印刷了 70 多万册。写《家教漫谈》那本书时，学生在高高兴兴地上课，我在高高兴兴地和读者谈心，也就用了一个多月的时间。

他的书为什么写得那么快，又那么受读者的欢迎呢？因为读者要的东西都在他的心里，都是他思考与经历过的，而不是抄袭别人的。没有实践，写出来的东西大都没有生命力。有的人穷其一生进行理论研究，写出了很多理论著作，可是，由于没有亲身实践，这些著作总让人感觉像悬在太空中，总是得不到人们的认可。同时，魏书生的心灵是自由的，是不为外物所役使的。试想，一般人在学生上课的教室里能写出书来吗？这就是魏书生的绝妙之处——超然物外，心灵纯净。

2010 年 10 月 30 日，“名家人文教育高端论坛暨名师课堂研讨会”在山东省济南市召开，魏书生乘坐的飞机晚上 7 点多才能到达济南机场。我给他夫人陈老师打电话，希望前去接机的老师将他带到山东大学，与专家们一起共进晚餐。可他说，在飞机上吃就行了。

我吃过晚饭，赶到魏书生与他夫人所住的房间时已经是晚上9点多了。我问他吃晚饭了吗，他笑着说吃过了。我问在什么地方吃的，他夫人说在宾馆门外不远的小摊上吃的。我感到很内疚，可魏书生很自然地说，那不是很好吗?

11月18日，我们两人要在中央电视台《人口》栏目摄制组进行一天的现场对话录制，为此，前一日我们曾同住在北京一家宾馆里。我问他："您走之后，住进来一位名师，他刚住进去几分钟就找到我，说房间没有热水。当时您与陈老师为什么不说没有热水，让我为你们换一个房间呢?"他笑着说："换什么房间?想当年你在农村干活，我在工厂工作，有的时候一个月还不一定能洗一次澡呢。现在才两天，有必要再换有热水可以洗澡的房间吗?"看他笑得那么开心，我原有的内疚之情也就释然了。

2012年4月3日至4日，在济南市长清区的山东工艺美术学院演播室里，我与魏书生就"做一个优秀的家长"与"享受学习"的话题进行了整整两天的对话，并进行了录像。

4日，我们刚刚简单地吃过晚饭，他说有点事要办。我问什么事，他说"一号首长"来了。谁是"一号首长"?他夫人陈老师。怎么来的?乘坐高铁来的。到哪里下车?济南西站。我说让我女儿开车去接陈老师，魏书生坚持要自己坐出租车去。可他人生地不熟的，况且路程又远，我坚持要让女儿去接。结果他说："'一号首长'给我下了一个最新指示，要我坐出租车去接她!"说完，不容分说，他便飞也似的跑向公路，跳上一辆出租车走了。

待他接来陈老师，看着他们夫妇二人快乐自然的笑容，我的心也就放下来了。

当今中国教育界，魏书生的名气之大是众所周知的。可是，他一点儿也没有架子，一点儿也不骄傲，总是那么快乐、那么自然、那么从容。正因如此，魏书生才有了常人难有的平静心态，才有了常人难有的工作、学习与写作的效率。

其实，课堂教学也是这样。为什么不能高效呢？要研究原因，然后对症下药。其实人的一生就是这样的，有成功一定会有失败，有顺境一定会有逆境，有得一定会有失，成败、顺逆、得失，谁都避免不了。所以当我们遇到不如意的事情时，不必绝望，不必放弃，只要能够保持一颗乐观向上的心，便能够迅速走出困境。《养真集》中说："今日之脱洒处，皆从先年之不如意得来，今日之不如意处，安知非异日之脱洒乎？"有如此辨证思想，便自然可以做到"自古神仙无别法，只生欢喜不生愁"。谈这么多，是希望大家可以正确面对失败与成功。

正是有了失败的存在，才使得成功的喜悦更加真实，使人对其倍加珍惜；也正是有了成功的可能性，失败才成为值得借鉴的教训，促使我们不断追寻。这便是"塞翁失马，焉知非福"的道理。世事无好无坏，是自我的判断催生了痛苦和执着，所以关键在心境。

当我们了解了这一点后，任何的失败都不会影响我们的情绪，令我们垂头丧气、停滞不前；当成功造访的时候，也不会让我们忘乎所以、得意忘形，而是以平静祥和的心态坦然接受一切。有了这样的心态之后，失败的次数会越来越少，而成功的次数会越来越多，这就是规则，这就是"道"。

每一位教师都希望成功，但是失败和成功从来都是一对孪生兄弟，是一体两面，没有失败就没有成功。中国古语云"失败乃成功之母"，正是阐明了这种关系。但是要注意一点，不能理解为失败了以后就一定能成功。当失败的时候，不视失败为一种结果，而是视之为成功过程中的一站，进而分析其问题所在及解决之法，然后付诸行动，成功自然就会如期而至。

五、陶继新的快乐高效

作者走进黑龙江省黑河市第六小学的“童话世界”

老子说：“夫唯不争，故天下莫能与之争。”因为“好与人争，滋培浅而前程有限；必求自反，蓄积厚而事业能伸”。争强好胜的人虽能风光一时，却前程有限；不与人争、经常自我反省的人，根基日渐深厚，日后必能大展宏图。

现在有的人争权力、争金钱、争名誉、争地位，永不满足。但是你考虑过没有，在争的过程中总是处在患得患失的状态，内心的自在和谐早就被打破了，这便在无形当中给自己灌输了负能量，这些负能量将成为你最大的障碍，使你不可能真正做到更好。而且有的人认为，凭什么你有而我没有，我就要去争。其实，这种感觉是一种匮乏的心理状态，而内在心理会自然而然地投射到外在现实中，从而使外在呈现出真正的匮乏，进而成为一种恶性循环。所以，我们便常看到这样一种现象：总是在争的人似乎总是得不到，常常感觉满足的人反而一直拥有。大智、大德、大贤之人都明白不争的道理。孔子曾说过：“君子无所争，必也射乎！揖让而升，下而饮，其争也君子。”意思是说，君子不跟别人争高低，真要争的话，一定是比赛射箭吧！比赛的时候，两个人先作揖施礼，再进行比赛，比赛结束，饮酒为礼。这样的竞争文明有礼，是在和气中进行的。在山东省曲阜市流传着这样一个有关“三季人”的故事——

一天，孔子的一个小弟子在院子里扫地，远处来了一个一身绿衣的年轻人，绿衣人问他：“你是孔子的弟子吗？”

小弟子很骄傲地答道：“是呀！”

“那你懂的东西也很多喽？”绿衣人问。

“应该是吧。”小弟子虽然有些纳闷，可也不想让人小看。

“那我问你一个很简单的问题，你知道一年有几个季节吗？”绿衣人接着问道。

小弟子一听这个问题，觉得既好气又好笑，不屑地答道：“当然是四个季节，这谁都知道。”

“不对，是三个季节。”绿衣人抢白道。

“不对，是四个。”小弟子也不甘示弱。

“那好，我们找个人评评理。如果是三个季节，你给我磕三个响头；如果是四个季节，我给你磕三个响头，怎么样？”绿衣人出了个主意。

小弟子一听，满口答应道：“行，一言为定。”

恰巧这时孔子出来了，小弟子赶紧上前去问老师。

孔子上下打量了绿衣人一下，对小弟子说道：“确实是三个季节，你输了。”小弟子一脸吃惊地望着老师，心里满是疑惑，可是也不敢问，只好乖乖地给绿衣人磕了三个响头，绿衣人这才满意地走了。

小弟子不甘心，问孔子：“老师，明明是四个季节，您怎么说是三个呢？”

孔子笑道：“你没看到那人一身绿衣吗？他明明就是只蚱蜢，一生只经历过春、夏、秋三季，从来没见过冬天。你对他说有四季，他能这么爽快地走吗？你呀，就当吃个亏吧。”说完，拂袖而去，留下一脸茫然的小弟子。

想想看，只要与人接触，我们就在所难免地会遇见或扮演“三季人”。因为人们的价值观、思维模式、理念不同，所以每个人思考问题的角度也不一样。真正思维全面的人少之又少。《道德经》有言：“上士闻道，勤而行之；中士闻道，若存若亡；下士闻道，大笑之。”你同一只蚱蜢讲四季，无异于鸡同鸭讲、对牛弹琴，这个道理是无论如何也讲不通的，还不如像孔子那样，退一步，“吃个亏”，继续纠缠于这种无聊的问题只会徒增烦恼，所以要抱着接受与理解的心态处之。

现在我基本上不跟别人争，有人也许会说：“陶老师，您都退休了，您即使想争也没有什么可争的了。”其实不然，诱惑处处都在。我退休后曾有一次免费去欧洲游玩的机会，但我还是将机会让给了别人。我退休之前也把很多次应得的荣誉让给了别人。而且我现在几乎没有什么荣誉称号，就只有一个是2005年《中国教育报·读书周刊》评选出来的“推动读书十大人物”。当时《中国教育报》提前一个月通知我，让我写一份获奖感言，我说我不要这个奖。可他们不信，还有三天报纸要印刷了，版面都排好了，跟我要稿子，我说：“还没有写，我是真不想要这个奖。”当时《中国教育报》的一位编辑急了：“陶老师，您想让我们开天窗吗？”“开天窗”是新闻编辑的行业术语，旧时政府检查新闻，禁止发表某些报道或言论，报纸版面上留下成块空白，叫开天窗。所以，我只能写了。所谓的荣誉称号只不过是身外之物，对待它，要有一种增之减之都无关乎自我的心态。

人在一生中，关键是要踏实地做些事情，无愧于心即可。争到又如何，争不到又如何？徒增一批敌人，还失去了享受生活的幸福心境。我经常说：“我陶继新天下无敌。”这不是自夸，因为你把我当成敌人，我把你当成朋友，四海之内皆兄弟，又如何会有敌人呢？当你没有敌人的时候，你的心灵会多么轻盈、丰富啊！而且这种状态是向智慧敞开的。很多人特别注意吸收知识，知识肯定有用，需要不断地吸收，所以人会感到很疲惫。有人说“知识是智慧的浮尘”，只有拥有智慧，才能真正滋养生命、提升境界、惠及他人。而处于无敌状态时，生命才易于将知识化为智慧。

如果只有知识而没有智慧，就像种田的老农种了庄稼却没有收获。说得简单些，当我们感到烦忧时，我们头脑里的知识会告诉我们伤心、生气是没有用的，但我们始终排解不开，而智慧就像一把锋利的宝剑，能够帮助我们立斩烦忧。佛教中常说“福慧双修”，是呀，有了智慧就没有烦恼，有了慈悲就没有敌人。孔子说“知者乐”，意思是有智慧的人是快乐的。为什么？因为他已经看透世事万物，不会迷惑。所以，当你心中有很多敌人的时候，你不可能成为智者。

一个人的幸福，虽可外取，更应内求。外取或许能够获得暂时的幸福，比如，有钱可以买房子、买车子；有权可以让人服从、听话，可以指挥别人；有名可能得到尊敬、崇拜、羡慕。物的享受、权的力量、名的荣誉，会使人产生一定的满足感，但那只是一种短暂的自我感知的“幸福”。其实，贪欲是永无止境的。没钱的时候想有钱，得到之后或有一阵喜悦，但接着便是不满足，又想得到更多的钱；没权的时候想着有权，升职之后或有一个阶段的满足，但渐渐地又会产生对更大权力的欲望；没名的时候想成名，有了一点儿名气，又想着拥有更大的知名度。所以，“幸福”是不能长久的，更不能伴随自己一生一世。如果每天累积的只是满脑子的欲望，是得不到真正的幸福的。所以，真正的幸福来自于内心，幸福是一种心灵的能量，是一种可以让自己幸福，同时让别人幸福的内在力量，即我们要种好心田。一直思考着自己吃亏，别人沾光，别人对不住自己，非但种不好心田，甚至会使心田变得荒芜。所以这个心田很重要，不少大德高僧的心田都种得非常好，他们的心从不被外物左右，正如寒山的诗中所说："我心似秋月，碧潭清皎洁。无物堪比伦，教我如何说?"看来，幸福与否，关键在于我们的心，心是万法之源，心里有什么，就聚什么。正所谓"祸福无门，唯人自招"。

有人始终牢骚满腹，还时不时地大发脾气。我发现，这样的人本来可以活一百多岁的，可是，五六十岁，甚至四五十岁就提前走完了一生。其实，不是外力让他少活了几十年，而是他自己没有种好心田，导致了生命的提前终结。

有的人喜欢唠叨、抱怨、生气，甚至变成了一种习惯。岂不知，唠叨、抱怨、生气是对自己心田的一种无意识的毁坏，更会损害自身的健康。

由莫里老人，我想到了孔子的"乐感文化"，这种"乐感文化"在孔子身上就体现得非常明显。孔子一生遭遇了很多波折，他曾经带着他的弟子周游列国14年，即使回到鲁国也没有受到重用。但是，他心情依然很好。他用了一段很妙的话谈自己："其为人也，发愤忘食，乐以忘忧，不知老之将至云尔。"意思是说，我发愤学习，连吃饭都忘了，快乐得把一切忧愁都忘了，甚至连自己快老了都不知道。他还说："饭疏食，饮水，曲肱而枕之，乐亦在其中矣。"意思是说，我吃粗粮，喝凉水，把胳膊一弯当枕头，乐趣也就在其中了。这种乐观豁达的精神，对于今天的我们来说，依然有着巨大的启示作用。

很多人常常自寻烦恼，对别人一个无意的眼神、一句无心的话产生了疑心，在遭遇波折的时候悲观失望、怨天尤人，却忘了有得必有失的道理。得到的越多，负担也越重；甚至得到的越多，失去的也越多。只有回到自己的内心世界，才会发现外界贴上标签的幸福并不重要，重要的是心灵的幸福。这样，你就会懂得一个人的真正实力不是表现在名利场上，而是能够做自己内心真正喜欢做的事情，能够把握生命的方向。所以，我们应当以最纯净的态度去对待事情本来的样子，“物来则应，过去不留”。因为得失总是在人生中相互转换的，我们没有必要丢弃本然的快乐。

现在不少人在谈“禅”，因为进入这一境界，人生就会发生变化。那么，什么是禅呢？我不想谈玄论道，就打个比方吧。比如，张三本来坐得舒舒服服的，李四却让他站起来，并让他抬起一条腿，还不断地往他身上放东西，越放越多。张三感到越来越重，直到他实在支持不住了，李四才说：“现在，我把这些东西一件件地拿下来，你再感受一下。”张三感到，李四每拿下一件东西，他就轻松一些；待全部拿完后，他感到特别轻松。这个时候，李四笑着说：“你把抬起的那一条腿放下来吧。”并让他坐下来。这个时候，张三感觉简直太轻松、太舒服了。于是，李四说：“你心里的负担比我给你加的东西还重，如果你能把你心中那些纠缠你的疑虑与绝望、你想要得到的名利等全部放下，你就能进入禅的境界了。”说到这里，大家一定明白了吧？是的，人们心里的负担太重了，必须放下，事实上，我们在得到的时候，还要学会舍弃，有舍方有得嘛！

我是一个比较能够种好心田的人，即使遇到了在一般人看来非常糟糕的事情，也多能泰然处之，甚至快乐行之。1996 年，我在《当代小学生》杂志社已经做了 8 年的主编，发表了很多作品。就在这个时候，我的一位同事对我大为妒忌，便给山东省纪律检查委员会寄了一封告发我的匿名信。这位同事可谓煞费苦心，将我的“严重问题”逐一列出，甚至一个小小的“细节”都写得一清二楚。结果，山东省纪律检查委员会下发了一个“关于陶继新同志的通报”。为此，山东省教育委员会成立了调查组，对我的“严重问题”进行调查与核实。当然，这些“严重问题”纯属子虚乌有。在这个过程中，山东省教育委员会的领导找我谈话，了解情况。正是在这些调查与接触中，他们更多地了解了我。因为我一直平静对待，坦然处之。

结果，这正应了拾得与寒山的那段对话——

昔日寒山问拾得曰：“世间谤我、欺我、辱我、笑我、轻我、贱我、恶我、骗我，如何处治乎？”

拾得云：“只要忍他、让他、由他、避他、耐他、敬他、不要理他，再待几年，你且看他。”

在当年的年终述职报告中，我对全社职工说了这样一段话：“我一直守持着做人的基本底线，那就是不做违法之事。可是，有的人并不理解，甚至对我进行诽谤与诬陷。不过，我不会为此生气，因为任何事情最终都要以事实来昭示出它的真伪。况且，请诽谤和诬陷我的同志放心，我没有时间、没有精力，也没有必要‘以其人之道，还治其人之身’，我会一如既往地更好地发展自身，也会一如既往地善待他人。”

不知道与这个“风波”有无关系，1997 年 5 月，山东省教育委员会做出决定，提升我为山东教育社副总编。

诬陷我的人是谁，我心知肚明，社里有的同事也知道，所以，有人让我报复他一下。确实，我有了报复他的条件，可是，我帮了他一个非常大的忙。这并不是因为我的境界有多么高，只是我认为报复别人受苦的是自己，仇恨永远不能化解仇恨，只有宽容才能化解仇恨。当你报复别人的时候，自己的人格也在受损，而且自己也会感到痛苦。我宽容了他，心里很坦荡、很快乐。后来，他向我忏悔，几乎是哭着对我说：“我太对不起您了！可是，您还是对我这么好，您的宽容让我感动一辈子。”我说：

“我宽容你，也是为了我自己好！我要是记恨你，我的心里装的都是恨，整天活在恨中，我会很难受的。我要是报复了你，你会非常尴尬，你心里又会恨我，你的心里再装满恨，这样我们两个人的心态都会被仇恨扭曲，而且会影响我们周围的很多人，那我心里不是更难受吗？”每逢想起此事，我都特别欣慰，甚至有一种非常幸福的感觉。

拥有一颗宽容待人的心，心境就会平和起来。即使在一般人看来一定会生气的时候，我也基本上能做到心平气和。我一年当中最多生三四次气，不过，我一般不会将这种情绪转嫁到别人身上，而会在5分钟之内自行化解掉。我会冷静思考：我为什么要生气？我有什么问题？尽管大多数情况下都不是我的问题，但我首先会思考自己错在哪里。当我想到问题出在他人身上时，我就不生气了，我会宽容他，甚至为自己的雅量而感到自豪。

正是有了这种快乐情结，我的工作效率才会比较高。

自从2008年退休之后，我一直在以常人难以想象的速度工作、学习与写作。虽然每个月内平均有半个多月在外地采访、讲课、开会与学习，还担任着《创新教育》的执行主编，可我每月发表的文章平均有七八万字。所以，有不少人总是担心地问我：“你这样受得了吗？”其实，何止受得了，简直是快乐得不得了！

在心灵和谐愉悦的时候，写作是可以进入巅峰状态的。什么是巅峰状态？我经常有这种感觉，尤其是在写作中，一旦进入巅峰状态，很多平时根本想不起来的语言文字，此时会如汩汩泉水般喷涌而出。比如，我和老咪合作的《跨越中英两国的教育机智——陶继新与老咪的心灵对话》一书，是我们只用了20个小时就完成的，而且后期几乎无须修改。这可以说是非常高效的。如何做到的？因为我们都进入状态了，灵感与智慧毫无阻碍地完全展现出来，根本无须考虑用什么词更合适，如何分段成篇，文字以一种灵活的、生动的、有生命力的方式自然倾泻出来，一切都浑然天成。虽然这本书只用了20个小时就完成了，却是我较为满意的一本书。在整个对话过程中我和老咪都情感愉悦、心态安然、精神享受，如入无我之境。

再如，《做一个卓越的校长——陶继新对话名校长》系列主要是通过QQ聊天完成的，对话的时候，我不预先准备任何文字材料，而是凭借采访时的“感觉”，在对方一段又一段的文字出现在对话框里时，尽快地予以回应。对方发来某段文字之前，我是不知道是何内容的，可是我要很快地予以回复，虽然有的时候这些回复会因思维不畅而不够流畅，但更多时候，某段文字会激活我的大脑，使我奇迹般地写出令人满意的回复文字。有的时候，自己都惊诧于何以顿然产生了如此精彩的话语，这也许就是所谓的灵感来临所致吧。

2015年5月21日至24日，由中国教育报刊社主办的、我主持的“第七届名家人文教育高端论坛暨名师课堂研讨会”在山东省青岛市召开。5月16日，我还在湖北省孝感市实验小学采访李安心校长等人，晚上坐车回到济南。5月17日上午，我在济南市滨河小学采访了路洪亮校长；当天下午，我为该校教师做了题为《读写丰盈教师智慧》的报告。5月18日，我的办公室里报名参加“第七届名家人文教育高端论坛暨名师课堂研讨会”的电话声与办公室人员的回答声不绝于耳，可我通过QQ聊天的形式与济南市平阴县教育体育局局长李仲波完成了13800多字的对话文章。5月19日，我又通过QQ聊天的形式与湖北省孝感市实验小学的李安心校长完成了约15800字的对话文章；傍晚我才赶到火车站，乘车前往青岛，因为所有专家与名师都是由我邀请的，5月20日他们将陆续抵达青岛。

也许有人会问：“那么乱的环境，那么重要的会议，您不心急吗?”不!那个时段，我只考虑写作的问题，外界的喧嚣声未曾侵扰我的内心，我不但有了很快的写作速度，还有了比较高的写作质量。如果当时心急火燎，绝对不可能写出这么多字的文章来。

有朋友问我，和名校长对话的时候是不是特别辛苦。不是的。因为那个时段恰恰是我思维的活跃期，也是情感的兴奋期，我非但不感到累，反而有一种乐此不疲的感觉。但当我感到不愉快时，我的灵感和智慧便如被乌云遮蔽，难现光彩，写起文章来也不顺畅，当然也不可能高效了。

现在我与名校长的对话已经有了400多万字，而我的快乐也自然地飘散在这些文字之中。

不管做什么事情，包括在一般人看来极其紧张的事情，我的心一直没有慌乱，甚至在唱着歌。所以，我快乐着呢!

在这种状态下写作，效率尤其高，悠然地坐在电脑前，让思维飞快地运转，文字便迅速地出现在电脑屏幕上，一天时间，五六千字甚至更多字的文章就已成定稿，发给报刊社，便有了一篇又一篇文章的发表。

仅2015年，我在《中国教育报》就先后发表了下面这些文章——

1. 广西壮族自治区教育厅厅长秦斌谈

激活师生思维张力的探索与实践

(原载于《中国教育报》，2015年1月3日，第4版。)

2. 星星之火终成燎原之势

——广西推进“MS-EEPO有效教育”大扫描(上)

(原载于《中国教育报》，2015年1月11日，第4版。)

3. 星星之火终成燎原之势

——广西推进“MS-EEPO有效教育”大扫描(中)

(原载于《中国教育报》，2015年1月17日，第4版。)

4. 星星之火终成燎原之势

——广西推进“MS-EEPO 有效教育”大扫描（下）

（原载于《中国教育报》，2015 年 1 月 31 日，第 4 版。）

5. 创建属于自己学校的特色

——黑龙江省黑河市爱辉区“一校一品牌”扫描（上）

（原载于《中国教育报》，2015 年 3 月 7 日，第 4 版。）

6. 创建属于自己学校的特色

——黑龙江省黑河市爱辉区“一校一品牌”扫描（下）

（原载于《中国教育报》，2015 年 3 月 15 日，第 4 版。）

7. 踏平坎坷成大道

——哈尔滨市现代应用技术中等职业学校的突围与腾飞

（原载于《中国教育报》，2015 年 3 月 22 日，第 4 版。）

8. 十年磨一剑

——广西玉林市玉州区推进“MS-EEPO 有效教育”史略

（原载于《中国教育报》，2015 年 3 月 29 日，第 4 版。）

9. 矢志不移的追索

——发展与成就教师的广西玉林市玉州区教研室（上）

（原载于《中国教育报》，2015 年 4 月 5 日，第 3 版。）

10. 既要做大　更要做强

——河北省冀州市信都学校的高品质与大谋略（上）

（原载于《中国教育报》，2015 年 4 月 5 日，第 4 版。）

11. 矢志不移的追索

——发展与成就教师的广西玉林市玉州区教研室（下）

（原载于《中国教育报》，2015 年 4 月 11 日，第 3 版。）

12. 既要做大　更要做强
——河北省冀州市信都学校的高品质与大谋略（下）
（原载于《中国教育报》，2015 年 4 月 12 日，第 4 版。）
13. “战斗”在改革的“前线”
——广西玉林市玉州区“有效”校长撷英（上）
（原载于《中国教育报》，2015 年 4 月 18 日，第 3 版。）
14. “战斗”在改革的“前线”
——广西玉林市玉州区“有效”校长撷英（下）
（原载于《中国教育报》，2015 年 4 月 19 日，第 4 版。）
15. 游刃于管理与实践交汇的教苑里
——广西玉林市玉州区教育创新掠影（上）
（原载于《中国教育报》，2015 年 4 月 25 日，第 3 版。）
16. 游刃于管理与实践交汇的教苑里
——广西玉林市玉州区教育创新掠影（下）
（原载于《中国教育报》，2015 年 4 月 26 日，第 4 版。）
17. 构建大课程　培育大写人
——在践行北大精神中持续发展的北大附属实验学校
（原载于《中国教育报》，2015 年 5 月 3 日，第 4 版。）
18. 书润童年　德铸人生
——山东省威海市文登区第二实验小学“幸福教育”行动解析
（原载于《中国教育报》，2015 年 5 月 10 日，第 4 版。）
19. 让师生更具生命活力
——河北省冀州中学优质发展探寻（上）
（原载于《中国教育报》，2015 年 5 月 16 日，第 3 版。）
20. 让师生更具生命活力
——河北省冀州中学优质发展探寻（下）
（原载于《中国教育报》，2015 年 5 月 17 日，第 4 版。）

21. 灵魂的根须应该伸向何方

——河北省冀州中学心贴心“人格塑造”教育纪实(上)

(原载于《中国教育报》，2015 年 5 月 23 日，第 3 版。)

22. 灵魂的根须应该伸向何方

——河北省冀州中学心贴心“人格塑造”教育纪实(下)

(原载于《中国教育报》，2015 年 5 月 24 日，第 4 版。)

23. “立仁之道，曰仁与义”

——育人先育德的河北省冀州中学（上）

(原载于《中国教育报》，2015 年 5 月 30 日，第 3 版。)

24. “文质彬彬，然后君子”

——湖北省孝感市实验小学“雅真教育”探析（上）

(原载于《中国教育报》，2015 年 6 月 6 日，第 3 版。)

25. “立仁之道，曰仁与义”

——育人先育德的河北省冀州中学（下）

(原载于《中国教育报》，2015 年 6 月 7 日，第 4 版。)

26. 培养“明德自强”的医学人才

——广西中医药大学赛恩斯新医药学院“和而不同”的探索之路

(原载于《中国教育报》，2015 年 6 月 13 日，第 3 版。)

27. “文质彬彬，然后君子”

——湖北省孝感市实验小学“雅真教育”探析（下）

(原载于《中国教育报》，2015 年 6 月 14 日，第 4 版。)

28. 河北省唐县六一小学、唐县启明中学董事长王建刚

艰苦创业志不渝　回报社会终无悔

(原载于《中国教育报》，2015 年 6 月 20 日，第 4 版。)

29. “我们的故事”成为德育突破口

——重庆市江北区五里店小学的精神风景

(原载于《中国教育报》，2015 年 6 月 25 日，第 12 版。)

30. 让生命在“体验”中产生飞跃

——太原市小店区育杰小学的快速崛起之道

（原载于《中国教育报》，2015 年 6 月 27 日，第 4 版。）

31. 传承国学经典　培育儒雅少年

——黑龙江省黑河市实验小学的“国学立人”教育

（原载于《中国教育报》，2015 年 7 月 5 日，第 3 版。）

32. 创设人人想干事与干成事的环境

——杭州师范大学东城实验学校的蜕变与超越（上）

（原载于《中国教育报》，2015 年 8 月 29 日，第 4 版。）

33. 创设人人想干事与干成事的环境

——杭州师范大学东城实验学校的蜕变与超越（下）

（原载于《中国教育报》，2015 年 8 月 30 日，第 4 版。）

34. 高境界　大变革　新气象

——青岛市普通教育教学研究室的教育创新（上）

（原载于《中国教育报》，2015 年 9 月 5 日，第 4 版。）

35. 高境界　大变革　新气象

——青岛市普通教育教学研究室的教育创新（下）

（原载于《中国教育报》，2015 年 9 月 6 日，第 4 版。）

36. 大连保税区：走在敢为敢当的教育改革路上（上）

（原载于《中国教育报》，2015 年 9 月 19 日，第 4 版。）

37. 大连保税区：走在敢为敢当的教育改革路上（下）

（原载于《中国教育报》，2015 年 9 月 20 日，第 4 版。）

38.“修己以安百姓”

——金太阳教育社区民心工程侧记

（原载于《中国教育报》，2015 年 9 月 26 日，第 4 版。）

39. 思教育，看巴川，风景这边独好

——重庆市巴川小班实验中学“自主教育”解码

（原载于《中国教育报》，2015 年 10 月 11 日，第 4 版。）

40. 春色满园关不住

——郭洪校长的创新思维与巴川中学的精神风景

（原载于《中国教育报》，2015 年 10 月 24 日，第 4 版。）

41. 树浩然正气　育责任公民

——湖北省荆门一中品正文化掠影

（原载于《中国教育报》，2015 年 10 月 31 日，第 4 版。）

42. 激发兴趣　激励志趣

——黑龙江省黑河市第六小学教育集团的童话教育

（原载于《中国教育报》，2015 年 11 月 7 日，第 4 版。）

43. 童在中央　师在心间

——济南市北坦小学王式斌校长的足迹教育

（原载于《中国教育报》，2015 年 11 月 15 日，第 4 版。）

44. 仁爱　创新　责任　健康

——黑龙江省黑河"二中精神"解读（上）

（原载于《中国教育报》，2015 年 11 月 28 日，第 4 版。）

45. 激活教师发展的内在动力

——德开小学"名师成长俱乐部"解码

（原载于《中国教育报》，2015 年 11 月 29 日，第 4 版。）

46. 仁爱　创新　责任　健康

——黑龙江省黑河"二中精神"解读（下）

（原载于《中国教育报》，2015 年 12 月 5 日，第 4 版。）

47. 和风润雨　文化育人

——记黑龙江省黑河市第五小学的"和育"教育

（原载于《中国教育报》，2015 年 12 月 6 日，第 4 版。）

48. 长风破浪会有时

——兰祖军校长的精神突围与生命超越（上）

（原载于《中国教育报》，2015 年 12 月 13 日，第 3 版。）

49. 长风破浪会有时

——兰祖军校长的精神突围与生命超越（下）

（原载于《中国教育报》，2015 年 12 月 13 日，第 4 版。）

50. 引领教师实现生命的突围

——济南汇才学校孟祥龙校长的担当精神与教育情怀

（原载于《中国教育报》，2015 年 12 月 19 日，第 4 版。）

51. 从基本均衡向高位均衡挺进

——南宁市兴宁区优质教育发展掠影

（原载于《中国教育报》，2015 年 12 月 26 日，第 4 版。）

52. 力借东风竞百舸　众志成城扬劲帆

——南宁市兴宁区教育人坚持不懈的创新追索（上）

（原载于《中国教育报》，2015 年 12 月 27 日，第 4 版。）

以上发表的文章，绝大多数都是一个整版的篇幅，只有少数几篇文章是半版或四分之三版。

此外，我还在《基础教育课程》（下半月刊）发表了 15 万多字的对话文章，而且在其他报刊上也发表了一些文章。

我发现，心灵的安顿会让喧闹归于平静，从而产生一种强大的内心力量。我所写的文章，有的甚至是在喧闹的环境中完成的。我常常随身携带电脑，这样在火车上、轮船上、飞机上、宾馆里都能写作。实际上，心静以后，外面便是一片虚空，大脑完全专注，这样才能实现真正的高效。当心不静的时候，就算处于独室中也难有作为，永远不可能高效。所以，心灵不自由的时候，便无法谈及高效。

第六讲

遵循天道人道

——优质人格为终身发展奠基

万事万物都有自己运行的规律，虽然我们看不见、摸不着，但它确实是存在的。这种规律即是我们平常所说的“道”。正因为道的存在，宇宙天体才各自在自己的轨道上运行，大自然的阴阳之道等亦是如此。前面我跟老咪两个人谈到“大道至简”，是关乎人生的。我认为高效教学也是这样，也有一个“道”在其中起着重要的作用。

所以我认为任何的教育教学，不谈“道”是不行的，没有对“道”的深度理解和认同，是不可能实现高效的。中国第一篇教育学论著《学记》中也谈到“道”：“玉不琢，不成器；人不学，不知道。”这里的“道”指的是教育和人生的规则。我认为高效教学也有一个规则，也有一个“道”的存在，如果不能遵循这个“道”，对高效教学的研究就只能在浅层次徘徊。

一、立天之道，曰阴与阳

《周易》上说：“立天之道，曰阴与阳。”不懂天道之人是无法实现高效教学的。天道就是阴阳，什么是阴阳？大家想想这样一个几乎被人视若无睹的事实：有白天就一定有晚上，有太阳就一定有月亮，有男人就一定有女人，有手背就一定有手心，如此等等，这相互依存、相互对立的就是阴阳。所以如果违背阴阳之道，只想要阳，不想要阴，只想要白天，不想要晚上，只想要好，不想要不好，就违背了天道。

1. 与天地相似，故不违

《周易》有云："与天地相似，故不违。"言行举止与天地之道相符，就不会违背天道，但是很多人想的和做的是违背天道的。

我在重庆讲课时，有一位养生专家也去讲课，养生专家对老师们说："现在晚上失眠的老师请举手。"令我意外的是，有一大批老师举起了手。失眠当然有各种各样的原因，但是首先是因为违背了天地运行之道，打乱了睡眠规律。老祖宗在《黄帝内经》中早就告诉我们，要养成早睡早起的习惯，因为睡觉是保证身体健康的第一要素。睡觉的时间最好是从晚上 9 点到次日清晨 5 点。因为这段时间是一天中的冬季，冬主藏，冬季不藏，则春夏不长。所以大家会有这样的体会：如果晚上睡得很晚，即使第二天早上起得很晚，也会没精神，因为阳气没有及时升上来。

白天是阳，要工作、学习、生活；晚上是阴，需要休息，尤其是深夜里，必须睡觉。但有的老师就是不睡，非要熬到半夜 12 点以后，甚至凌晨两三点再睡，第二天晚起，还认为白天只要多睡一会儿就行了。但是哪有那么简单，不信大家试试，半夜 12 点到凌晨 2 点不睡，第二天再多睡两个小时，精神是绝对恢复不好的，因为这违背了天道。如果持续不断地违背天道，身体就会渐渐透支，出现问题。

有的作家为什么会英年早逝？就是因为他们想着："晚上我能够安静地写作，白天我再睡觉，不一样吗？"而且他们还会说："我习惯了晚睡，感觉也不错。真让我早睡，我还睡不着呢！"实际上，人如果违背了天道，违背了养生规则，不一定会立即得病，但一旦形成习惯，就会大大增加疾病风险。这就和交通规则一样，你违背了交通规则，不一定会出事故，但危险性会大大提升。于娟在《活着就是王道》一文中，用自己的生命呼吁大家一定不要熬夜。于娟去世时才32岁，是一位“海归”、博士，复旦大学优秀青年教师，也是一个两岁孩子的母亲。2009年12月，她被确诊患了乳腺癌，2010年1月被进一步确诊为乳腺癌晚期，于2011年4月辞世。她在博客中以自己的经历警示大家：熬夜或者晚睡，对身体是大有危害的。她说她的肝有几个指标在查出癌症的时候偏高，但是此前肝脏没有任何问题。不久以后，她查到了以下资料：

中国医科大学附属盛京医院感染科主任窦晓光介绍，熬夜直接危害肝脏。熬夜时，人体中的血液都供给了脑部，内脏供血就会相应减少，导致肝脏缺氧，长此以往，就会对肝脏造成损害。

23时至次日3时是肝脏活动能力最强的时段，也是肝脏最佳的排毒时期，如果肝脏得不到休息，会引起肝脏血流相对不足，已受损的肝细胞难以修复并加剧恶化。而肝脏是人体最大的代谢器官，肝脏受损足以损害全身。所以，“长期熬夜等于慢性自杀”的说法并不夸张。

曾有人问一位禅师：“您是高僧，您与我们一般人有什么区别?”这位禅师说：“吃饭、睡觉。”这人说：“我们也吃饭、睡觉啊!”这位高僧说：“你该吃饭的时候不吃饭，该睡觉的时候不睡觉。”这就是不一样啊！违背天道是不行的，该睡觉时睡觉，该工作时工作，该学习时学习，这样才行。

因为明白天道、敬畏天道，所以这么多年来我绝不违背天道行事。每天早晨起床锻炼身体，晚上最晚11点上床睡觉。甚至每年的春节联欢晚会，我也是看到11点就坚决不看了，睡觉去。后面的内容第二天可以看重播，说什么也不能逆天而行，更不能长年累月逆天而行。身体也是一个生命系统，当你打破了这个系统，就要付出惨重的代价。

由此观之，生命系统乃至万事万物只有遵循天道才能长久。试想，因不遵天道而连身体的高效运转都无法保障，又从何谈起工作的高效呢？

遵循天道，身体就会健康；身体健康了，心灵就会愉悦；心灵愉悦了，写作的效率也就自然高了。

2. 人法地，地法天，天法道，道法自然

老子说："人法地，地法天，天法道，道法自然。"当真正做到道法自然时，我们就会明白任何事物都有阴阳两面，任何事物都要经过生、长、收、藏的过程，所以在做事情时就不会急功近利，心态就会变得更平和。这样，无论是讲课还是与别人交流，都能安然于当下，顺其自然，顺势而为。

一位老师对我说："陶老师，您的《做一个幸福的教师——陶继新教育讲演录》，我们学校的老师人手一本，都在看。"其实，在这本书的自序中，便有我的自我批判。我说，在10年以前，我写文章的时候常常有意用上一些华丽的词句，并以此为美，但是当时的那种心态成了我感到羞愧甚至不堪回首的往事。并不是说华丽的辞藻不好，而是因为经过故意雕琢的东西失去了美的活力。语言可以华丽，也可以质朴，只要是从内心发出的，它都会像山涧流水叮咚作响，沛然而至。所以不要端起架子来写文章，我手写我心，让思想自然流淌。

我与局长、校长、教师、专家等用对话形式所写的文章，我都预先进行了采访。不过，我几乎没有当场记录，只是用大脑过滤采访的信息，然后形成对话的基本思路。我的思路被接受采访的校长同意后，我们则共同商定一个对话的时间，然后用QQ聊天的方式，少则三四个小时，多则六七个小时，一篇一万字左右的对话体文章就完成了。由于是即兴发挥，就有了自然生态的特点，也有了一定的可读性。聊天时要求大脑必须高速运转，因为我不知道对方要发来一段什么样的文字，但要在短暂的时间内做出自己的理论性评价。这种富有挑战性的聊天方式激活了我的大脑，常常让我文思泉涌，下笔成文。这种思维方式让我一直能够吸纳教育的新鲜血液，让我有了“苟日新，日日新，又日新”的状态，也有了不断提升的可能。

以前，我喜欢旅游，且喜欢用文字记录旅游的点滴，于是，便有了《行旅有道》的问世。每到一地，所见所感，当日便写成文字，不加雕琢，任思绪飞扬，随即形成烙印着“陶氏”风格的游记散文。起初我并无意将其出版，只是不写不足以安抚跃动的心灵而已。直到后来一位朋友对我说：“你出了这么多教育方面的书，可我最喜欢看的还是你的游记散文，为什么不出版呢?”我一愣，旋即对他表示了由衷的感谢。

我开始整理10多年来所写的游记，有些读来如在眼前，而有些感悟性的文字似乎还很有味道。也许只有那一时刻那一地点的景象才触动了我的灵魂，让我留下了这么多情思交融的文字。即使是纯粹写景的游记，也多有我的快乐之情在其间游弋，真的是“一切景语皆情语”。即使今天再次故地重游，也未必能写出当时的景象与意境。看来，这本游记已经成了我生命中的一份永远的记忆，甚至有可能给读者送去一份欣喜。

不过，这些游记，除了前年的日韩之行所记之外，更多是前些年甚至是10多年前的作品。那时候我还没有现在这么忙碌，闲暇时就有了一次又一次的旅游经历。喜欢舞文弄墨的我便在宾馆里、飞机上、火车上、轮船上等可以动笔写作的地方，记下了这一篇又一篇的游记散文。写作的时候，有时也会有喧嚣声，可是当旅途中所见的景象与产生的感想进入我的脑海时，就有了属于我的那份特有的宁静，作品也就快速且轻松地“出生”了。

尽管自然“出生”，却是经由我的手，特别是我的心才有了这一个又一个的“婴儿”，所以，它们身上也就流淌着我的情感，承载着我的思想，也就有了文化的符号。所以，才有了《行旅有道》这个书名。

正是因为自然，所以有些地方也就不可避免地不够精细。如果加以精雕细琢，也许文字会更优美一些，可是，那会破坏整本书的风格。未经雕琢的文字尽管粗粝，但是体现了“陶氏”风格，就让读者在我的作品中感受某些缺憾吧。

我特别喜欢老子的“道法自然”，所以我认为不只是写作，说话、做事都要“道法自然”，这样，不仅会高效，还会从容不迫。放下执着，一切便成了自然而然。所以当听到有些专家、名师讲课时，你有种起鸡皮疙瘩的感觉，那就麻烦了，因为他们的不自然已经影响到你了。“清水出芙蓉，天然去雕饰”，这才是质朴的真境界。

为什么现在我可以这么高效地出书，一年出几本是非常正常的事，其原因就是我靠的并不是单纯的某种技术或某种方法，更不是对声誉的追求，而是我内在自然的表达，或者说是“道”的自然外化。

二、立人之道，曰仁与义

《周易》有言：“立人之道，曰仁与义。”要做一个有仁义、有道德的人才行。一个人离开了基本的仁与德，如何谈高效教学？有人也许会说，高效教学与高尚的人格有什么关系呢？其实，如果深入研究一下，就会发现，高尚的人格是高效的持久动力。当一个人具有高尚的人格时，他所拥有的动力是一个大动力，是一个主动力；当一个人的人格低下时，他所拥有的动力就只能是小动力甚至是邪动力。可以想一下，一个满怀恶念的教师，即使拥有渊博的学识，也不可能让教学走进高效的境界，其知识甚至有可能成为他恶劣行为的帮凶。

伟大的科学家爱因斯坦在其《爱因斯坦晚年文集》中这样说："无论是教堂还是学校，在他们行使其真正的功能的限度内——都是为了使人变得崇高。"这是他的教学目标定位。再看孔子，这位大教育家的教学总纲共 12 个字："志于道，据于德，依于仁，游于艺。"所谈几乎全是品格的修炼。也就是说，不管是科学家还是教育家，他们认为教育的终极目标是让学生学会做人，即使人格更加高尚。

我在采访名师的时候发现，想要走向高层境界，起决定作用的首先是人格。大家看老一辈的名师，如于漪老师，其人格魅力太感染人了！1985 年，我去上海采访她，发现她的一言一行都在为他人着想，她对教学的热情、对学生的挚爱完全成了她的生活状态。看看比她再稍微年轻一点儿的名师，像贾志敏老师、于永正老师、余映潮老师等，都是名扬全国的老师，也都是做人做得非常好的老师。还有一些再年轻一点儿的名师，如王崧舟老师、程翔老师、韩兴娥老师等，都是人品极佳的人。人品好方能致远哪！

也有一些所谓的"名师"，却并非如此。有一次我到外地讲课，下飞机不久，接我的人就跟我说："陶老师，您不知道前面那个专家，我们太不喜欢他了。"我问怎么了，他说："我给他订了机票，告诉他航班号。谁知他问：'是头等舱还是二等舱？'我告诉他是经济舱，结果他说：'经济舱？我从来不坐经济舱，给我改成头等舱。'不过是坐两个小时的飞机，何必呢？更让人想不到的是，到了酒店，我们订的是五星级酒店，已经很好了。可他到房间一看，见是个单人间，又不高兴了，说：‘我必须住套间，我晚上得工作。’不得已又给他调换了个套房。”此人在乎物质条件的舒适度倒也罢了，对待工作总该认真了吧，并非如此。当时我们两个人上午分别在两地讲课，下午互换讲课地点，两地中间有两个多小时的路程。我上午讲完课，匆忙吃完饭，赶紧赶往他讲课的地点。快赶到的时候打电话一问，他还在豪华饭店吃饭呢。我很委婉地提醒他下午还要讲课，他却不耐烦地说：“我还没有吃完呢！”结果，他晚到两个小时，只讲了一个多小时的课。这样的“名师”连基本的人道也达不到，究竟能走多远呢？这就很难说了。

教师要先把人做好，如果连这个都过不了关，就别谈研究高效教学了。前面谈到的一些名师，都是先把人做好才实现了高效教学的，不然不可能，永远不可能！

1. 孙维刚老师的人格能量

孙维刚老师

孙维刚老师生前所在的北京市第二十二中学并非名校，但他班上的学生的高考成绩特别好。

1992 年，孙维刚老师执教的高三（4）班有 40 名学生，高考平均分达 534 分（满分 710 分），其中有 55％以上的学生被清华大学与北京大学录取；1996—1997 年度全国数学联赛中，全班共 14 人获奖；1997 年高考，全班 40 名学生的平均分为 558.67 分，数学平均分为 117 分，其中 38 人达到全国重点大学录取分数线，600 分以上的有 9 人，22 人考入北京大学、清华大学（当年清华大学的录取分数线为 567 分）。而在当年升入中学时，这个班 2/3 的学生成绩低于区属重点中学的录取分数线，1/3 的学生是就近入学的学生，俗称“大拨哄”。

张悦同学的父亲说，孙老师班里的学生跟别的孩子不一样，他们懂礼貌，知道向收发室的大爷和电梯工问好，为家长会服务时站得笔直，双手接物，毕恭毕敬。学校有什么义务劳动，都愿意找他们班的学生，因为他们干活儿认真。在孩子上中学的这 6 年里，孙老师是家长和孩子聊得最多的话题——孙老师怎么样了，孙老师讲什么了，等等。

孙老师讲什么了呢？他给学生讲《钢铁是怎样炼成的》，讲《普通一兵》，讲“活着，是为了他人的幸福”。在一次数学讲座之后，他给学生布置的作业是“今天回家，向爸爸妈妈问一声好”。

他带的第三轮实验班的建班方针是，第一，诚实、正派、正直；第二，树立远大理想和宏伟抱负，立志为人民多做贡献；第三，做一个有丰富情感的人，要因为我来到世界上而使别人生活得更幸福。

1997 年 8 月，这个班的学生毕业之后，孙维刚老师曾这样谈论他的高三（1）班：“快乐幸福的标准因人而异。对于我们班的学生来说，他们的理想是成为划时代的科学家。我以为，他们的幸福快乐就是刻苦学习，磨炼自己，奉献他人。这一阶段的成功就在于获得一种高水平的思维能力和卓越的品格修养。

1998 年 4 月 27 日，孙维刚老师住进了肿瘤医院接受第 8 次手术，这一次是直肠癌，前 7 次是膀胱癌。30 多位学生家长日夜轮流陪床护理，直到 6 月 1 日孙维刚老师出院。这些家长都还记得，1991 年，当他们把孩子送来时，孙老师被查出患有膀胱癌，他对学生家长说：“我一定要好好活下去，活 6 年就行，一定要把他们送进大学。我要让一半的学生考上清华大学、北京大学。”

后来，他教的这个班几乎全都考进了清华大学、北京大学。

一位学生家长回忆说：“那一年，孙老师患膀胱癌，手术治疗时不去北京协和医院，要去北京大学第六医院，因为后者离学校近。”

他的学生善良、上进，很难说是源于孙维刚老师的情感还是孙维刚老师的班规在无形中的约束，因为每所中学都强调纪律和秩序，但布鞋、短发、不谈恋爱所标榜的价值观正被普遍地漠视。孙维刚老师说：“作为一位中学教师，面对流俗，我是苍白无力的，我无法左右社会上的‘大气候’，但可以构建自己的‘小气候’。”

有位班主任对孙维刚老师说，如果她向学生讲“要为人民多做贡献”，学生会哈哈大笑的，这话太不合时代潮流了。孙维刚老师回答：“我不这样认为。首先，孩子们把为人民多做贡献作为自己的理想，是民族利益和国家利益的需要，也是孩子们奋发向上的强大的力量源泉；同时，一个追求为人民谋幸福的人，一个把给予当作幸福的人，他的心态总是满足的、平衡的、向上的。与那种追逐个人利益、欲壑难填的人相比，他们才享有真正幸福的人生。如果孩子们感觉到您嘴上所说的也是您的信仰的时候，他们会接受的。电影《带兵的人》中，老连长说得好：‘浇菜要浇根，教人要教心。’怎样才能教到孩子心上，落实建班方针，我信奉：班主任应以身作则，对孩子们真诚。”

尽管会议和社会工作比较多，孙维刚老师还是坚持每天早晨7点到教室和学生一起做值日；大扫除时他主动到厕所干脏活儿；学生受伤或生病，他背他们去医院；他做错了事或哪怕心里错怪了谁，都会在全班学生面前检讨，向被错怪的学生赔不是。

1993年一个天寒地冻的早晨，上班途中，孙维刚老师看到一个驮着鱼缸的小贩摔倒在地上，鱼缸也摔碎了，他连忙停下，扶起小贩，帮小贩收拾东西。他赶到学校时比班里规定提前10分钟到校的时间晚了5分钟，已不能与学生一起打扫卫生和做课前准备了。按理说，他本可以向学生解释原因的，可他挥动粉笔在黑板上写道：“今天老师迟到了，对不起大家。处罚的方式是在寒风中站一个小时。”写毕，他步履轻松地走出教室门，独自站立在凛冽的寒风中，像一尊雕像般警示学生。望着教室外的老师，学生谁也不敢说话，只是默默地流泪，在心里感受着老师平凡而伟大的人格力量。

他去世以后，有一位女学生当天晚上写下了5000字左右的长信寄给报社，其中有这么一句话：“人们提起孙老师，总会因为全班55%以上的学生考上清华大学与北京大学而说他神奇，可这并不是孙老师看重的，他最想做的是把我们培养成品德高尚的人。”

每次阅读关于孙维刚老师的报道，我都万分感动。有了这样品德高尚的老师，学生能不好好学习吗？他的高效教学，因为有了一种道德力量的支撑，也就有了巨大的生命能量。

2. 史建筑老师的教育良知

史建筑老师在山东省北镇中学教书的时候，我曾经与他进行过一次对话。他当时是语文高级教师、山东省年度教育创新人物、山东省第一期“齐鲁名师”建设工程人选、全国中学语文教

史建筑老师

学先进工作者、全国中学语文“十佳教改新星”、全国“三育人”先进个人，曾获全国中学语文课堂教学大赛第一名。他的教学水平之高，所教学生学习效率之高，是大家公认的。可是，在我与他的这次对话中，他谈了很多有关教师的良知的问题。

他说：“面对可爱的孩子们，我们没有理由不幸福。但是，面对深陷应试教育泥潭的中国基础教育，我的内心又充满忧虑。上周，我刚刚写了一篇教育随笔，以比较犀利的笔触抒发内心的愤懑：‘充满了功利的教育是畸形的教育，忽视了信仰的教育是贫瘠的教育，剥离了情感的教育是苍白的教育，缺失了道德的教育是可怕的教育。救救孩子！’”

我说：“鲁迅先生早就发出过‘救救孩子’的呐喊，现在更加需要我们呐喊。令人欣喜的是，一些人已经开始觉醒。可是，就像推翻一个旧的世界一样，颠覆应试教育依然是‘路漫漫其修远兮’。不过，正是因为远且难，才需要更多有良知的教育者共同努力。”

他说：“前段时间，我担任教学论文比赛的评委。看到剽窃抄袭的现象，我有感而发，写就《假作真时……》，有同感的教师拍手称快。其中有这样一段文字：‘千教万教，教人求真；千学万学，学做真人。’陶行知先生的话穿越时空，振聋发聩。写下这些话的时候，我感到心虚，因为在教育教学中，我也曾有悖于求真。好在我在自省，也在进步。假，好像特别适合在我们的土壤中茁壮成长。您瞧，假烟假酒假奶粉，假书假药假服装，假情假意假朋友，假山假水假风光。如果说，对于这些‘假’，我们已见怪不怪也无能为力的话，那么，我祈祷：教育的土壤中少一点‘假’吧，趁孩子们还没长大！‘皇帝的新装’盛典天天在上演，而那个讲真话的孩子却可悲地长大了。”

我说：“论文评奖造假已经不是新闻了，所以，十几年来，我几乎不参加新闻评奖，尽管自己写了那么多的新闻作品。为什么呢？一是不愿意将自己的作品与那些造假的作品混在一起，二是觉得实在没有多少意义与价值。有的人得了一个又一个大奖，可是，其水平的确令人难以恭维。我认为，最有价值的是不断地提升自己的思想与文化品位。可是，人们往往舍本逐末。尽管当下获得了些许荣誉，可我给自己的心灵留下的是什么呢？多年的编辑、记者生涯，最令我感到欣慰的是，读了一些好书，留下了完全属于自己的数百万字的作品，在全国做了400多场报告。所以，退休对我而言，更加充实，更加幸福。如果这些年来我只是关注那些虚幻的东西，就没有今天的生命状态。从这个意义上来说，造假者得逞一时，失利一生啊！”

其实，真正意义上的名师，都有做人的底线，那就是良知，如果一个人连做人的底线都守不住，品格上就会出现问题，还会影响学生。在喧嚣的当下，若能够守住生命的底线，教学的时候就不会懈怠，就一定会对得起学生，并走进高效的境界。

3. 朱闩根校长的“师德十条”

2007年11月中旬，我专程到安徽省铜陵市人民小学采访朱闩根校长。为什么采访这位校长？因为这所学校是当地成绩最好的、最受家长欢迎的学校，当然，教学效率也是很高的。后来，我问其原因，朱闩根校长说他就是用中国的传统文化来培养师生的良好品德。

走进学校，首先映入眼帘的是学校的墙壁文化，全部摘自儒

朱闩根校长

家文化经典，而且有的放矢。

“敏学楼”“敏事楼”“琢玉楼”几个大字分别书写于教学楼、办公楼、科研楼的显要位置，告诫师生要勤学敏行。

校长室里的“和而不同”，告诫领导班子要追求和谐，拒绝苟同，形成具有凝聚力的团队；“见贤思齐”，要求大家学习彼此的优点和长处，如果发现缺点和错误，要做到“见不贤而内自省也”。

行政楼楼道里的“其身正，不令而行；其身不正，虽令不从”，旨在要求行政领导要一身正气，做到公平、公正，否则就不可能做到“令则行，禁则止”。

会议室里悬挂的是“博学之，审问之，慎思之，明辨之，笃行之”等经典名句，希望聚会于此者学习广博的知识，有所不明就要追问到底，仔细考察、分析，辨明是非，最终落实到行动上，做到“知行合一”。

接待室里挂的是“有朋自远方来，不亦乐乎”的条幅，以孔子之言，诚迎四方宾客，“以文会友”，交流经验。

工会活动室里挂的是“己所不欲，勿施于人”“行有不得，反求诸己”，要求工作人员以己度人且反求诸己，更好地为教职工服务。

教导处挂的是《菜根谭》中的一段话：“大事难事看担当，逆境顺境看襟度，临喜临怒看涵养，群行群止看识见。”因为教导处的干部与教师的联系最多，摩擦也最多，所以告诉他们：做事不能苟且，应敢于承担责任；在任何情况下，都要体现出一位中层干部的胸怀和素养；凡事不能人云亦云，一定要有自己的见识，且由此引导教师的言行举止。

“生财有大道，生之者众，食之者寡，为之者疾，用之者舒，则财恒足矣。”这是悬挂于总务处的条幅上的一段话，意在要求总务处创造财富的人要多，消耗财富的人要少，创造财富的人要勤奋，使用财富的人要节俭，从而建立一个节约型的总务处。

教师楼楼道里挂的是“一年之计，莫如树谷；十年之计，莫如树木；终身之计，莫如树人”。这段经典语句以递进的方式说明了教师育人的重要性。由此，教师在育人过程中应更加瞩目于未来，为学生的一生奠基。

教师办公室里有朱闩根校长亲笔写的“厚德载物”四个大字，强调师德建设的重要性，教师没有良好的品德，就不可能肩负起教育学生的神圣使命。不同学科教师的办公室里则有针对性很强的墙壁文化，比如，朱闩根校长为体艺组写的是“自强不息”，因为体艺学科在小学里往往被人们视为“小儿科”，而有了这样的文字提醒，则可以提升教师的自信心。

以上虽然只是墙壁文化的冰山一角，但足以见出朱闩根校长用经典文化培养师生人格的良苦用心。这些无声的文字穿透墙壁，润泽着教师的教育生命。没有丰厚的文化积淀，就不可能运用这样的经典语句；没有对教育的满腔热情，就不可能做得如此天衣无缝。

朱闩根校长还制订了《教师职业道德十条》。大家知道，师德建设无疑是学校的一项重要工作，于是，学校里就有了关于师德的各种各样的条文。其中不乏精彩者，但人云亦云、大而化之者亦不少。而师德条文如果没有文化内涵，缺乏个性与指向性，就会成为一纸空文。

安徽省铜陵市人民小学的《教师职业道德十条》，全系孔子等儒家大师的经典语句，言简义丰。

（1）团结："君子周而不比，小人比而不周。""君子和而不同，小人同而不和。"意思是说，君子普遍地厚待他人，小人却多偏袒阿私。君子相互团结而不相互勾结，小人相互勾结而不相互团结。朱闩根校长意在提醒教师要和谐团结，友好相处。

（2）宽容："人不知而不愠，不亦君子乎？""不患人之不己知，患不知人也。""己所不欲，勿施于人。"意思是说，别人不了解自己也不生气，这不是君子吗？不怕别人不了解自己，怕的是自己不了解别人。自己不喜欢的，也不要强加于别人。

（3）自强："士不可以不弘毅，任重而道远。"意思是说，作为知识分子的教师应当具有远大的抱负和坚定的意志，因为教师承担的责任重大，达到目标的路途遥远。把实现"仁"作为自己的责任，难道还不重大吗？

（4）自省："君子求诸己，小人求诸人。""见贤思齐焉，见不贤而内自省也。"意思是说，君子时时刻刻严格要求自己，但是小人往往苛求别人，所以要做严格要求自己的人。看到有德行、有才能的人，要向人家学习；看到没有德行、没有才能的人，要反省自己有没有同样的问题，以便改正。

（5）助人："君子成人之美，不成人之恶，小人反是。"意思是说，君子成全别人的好事，而不帮助别人作恶，小人则与此相反。朱闩根校长意在向教师们传达一种思想：要向比自己优秀的人学习，欣赏他们，成就他们，而不是嫉妒他们，攻击他们。

（6）学习："学而不厌。""学而时习之。""敏而好学，不耻下问。"意思是说，学习永远没有满足的时候。要在学习中不断地实践，不断地提升自己的人格品质及学识水平。在学习的时候，要勤勉好学，不以向地位比自己低、知识比自己少的人请教为可耻。

（7）责任："小人之过也必文。"意思是说，小人总想办法找出一套理由，把自己的过错掩盖起来。旨在说明，有责任感的人不可以做这样的小人，有了错误不要推给他人，而要敢于承担。

（8）仪表："君子不重则不威，学则不固。"意思是说，君子不自重就缺乏威严，也无法牢固掌握学习的知识。

（9）诚信："为人谋而不忠乎？与朋友交而不信乎？""人而无信，不知其可也。"意思是说，为别人做事能不尽力吗？与朋友交往能不守信用吗？不守信用怎么能行呢！在当下这个诚信缺失现象十分普遍的时代，强调诚信的重要性很有意义与价值。

（10）教学："诲人不倦。""不愤不启，不悱不发。"在教育教学的过程中，永远没有厌倦的时候。而且要学会举一反三，触类旁通。

儒家思想在中国传播了数千年，越来越彰显出中华文明精髓的光华，但取其精华纳入师德之中的学校尚属凤毛麟角。安徽省铜陵市人民小学之所以有这样的师德要求，关键是朱闩根就是一位对儒家思想颇有研究的校长。也许有人称之为"拿来主义"，可谁又能拿来得如此得心应手与恰到好处？如果没有对儒家文化与现代师德进行过认真思考，绝不会有如此真正意义上的古为今用。从这个层面上讲，朱闩根校长又是一位创造者。

朱闩根校长说："我就是用这种方法，培养教师高尚的人格。

高尚的人格会推动教师努力提高自己的教学水平，教学效率就会随之提高，学生也会受其影响。一位好的教师会教出一批优秀的学生，一位不好的教师也会教出很多不好的学生。”

4. 王品木校长的钢铁精神

王品木校长

山东省济钢高级中学（以下简称济钢高中）在济南市享有很高的声誉，可是，1997 年成立之前，济钢高中只是济钢第一中小学的一个高中部，每个年级有 4～6 个班，后因教学质量下滑缩减为两个班，最后因升学率为零、家长意见太大只好停止招生。1996 年，由于孩子们到市里上学太不方便，家长们呼吁恢复高中招生，方才再次招生。但几经努力，七拼八凑才招来 70 多人。

可到了 2009 年，这所学校已经拥有 200 多名教师、3300 多名学生。让我们回顾它由弱变强的过程：2005 年成为济南市第一批次招生的学校；2007 年成为济南市四所推荐生录取试点学校之一；2008 年被评为全国精细化管理示范学校、全国创新型学校、山东省教学示范校、山东省新课改样本校、济南市教书育人先进单位；近几年更是名气大增，成为被学生及家长寄予殷切希望的热门学校。

为此，2009年1月和2010年3月，我曾先后两次采访时任济钢高中校长的王品木。他认为，一味地追求高效教学，不可能真正提升学校的品质，而如果在人的品质上下功夫，人们孜孜以求的高效多能不求自得。

为此，王品木校长向社会宣布："我们学校的教师不搞有偿家教！"毋庸讳言，在市场经济时代，有教师进行有偿家教并非个别现象。可是，王品木校长认为，教师是一个特殊的群体，他们不但应当拥有文化，更应当道德高尚。而有偿家教会因对力求增加个人收入的过度关注，影响到教师的教学质量。更重要的是，这一宣告也体现了教师的自律精神，甚至是一种自我完善的道德追求。教师作为教育者，当然不能为了一己之利而影响到自己特别是学校的声誉。他们可以用这些时间研究教材和学生，阅读好书，与家长交流，这样才能提升自己的素质，也会提高他们在家长心目中的地位。

责任胜于能力。济钢高中有很多获得市级以上的荣誉的优秀教师，他们的教学水平比较高，而责任心更是全国一流的。

山东省教育厅规定，学生晚自习时间教师一律不准进入教室，以防加重学生的学习负担。于是，济钢高中的教师就拿一把椅子，坐在走廊里，一边批改作业一边维持自习秩序。可是，冬天走廊里没有暖气，气温多在零度以下，家长来到学校见到这一景象时，都感动得流下泪来。有的家长说，有这样尽心尽力的老师，让孩子在这样的学校里学习，真是一百个放心！

王品木校长认为，教育的目的不仅仅是传授知识，更为重要的是要促进人的全面发展。一位有教育情怀的校长既要俯视大地，更要仰望星空，要对教育充满理想，要有自己独特的办学思想。一位有思想的校长，一定是具有精神感召力的校长，是师生的精神与生命力的火种，就像心灵需要心灵去唤醒一样，思想只能由思想来点燃。一位有思想的校长，能带出一支有信仰的队伍，成就一批有理想的学生。建校以来，他们逐步形成和完善了自己系统的办学思想，如“经营学校”“以师立校，以生为本”“教育是一种精致化的服务”“面向全体，让每一位学生都得到发展”“没有爱就没有教育”等。

思想犹如人的灵魂，无之则如行尸走肉，有之则生机勃勃。王品木校长的这些办学思想一旦“播种”到教师与学生的心里，就会生根、发芽、开花、结果。“教育是一种精致化的服务”，强调教育的服务意识与品质，它摒弃了师道尊严的霸气，多了人格平等的和煦之美。“面向全体，让每一位学生都得到发展”，强调教育不是为了高考，而是为了育人；不是只为了某些学优生，而是为了全体学生，包括那些学习成绩落后的学生。这就有了一种道义上的担当，一种高尚的品格。“没有爱就没有教育”是教育永恒的追求。少了爱，就不成其为教育；而当爱一直回旋于师生心中的时候，学校就有了长足发展的内在可能。看来，办学思想这一软实力已经成了学校发展的灵魂。

王品木校长说，真正好的教育一定是最具服务精神的教育。“面向全体，让每一位学生都得到发展”正是为了体现一种教育公平。教育事业关系千千万万个家庭的幸福和社会的稳定，每个家庭大都只有一个孩子，每个孩子也只有一次高中学习机会。我们1％的教育教学失误，就可能导致一个家庭100％的失败。而爱是教育的源泉，是教育成功的原动力。我们倡导教师要学会尊重、学会倾听、学会赏识、学会宽容、学会激励，以赢得学生的理解、信任和尊敬，这样的教育才是有效的。

现在，王品木已经成为山东省实验中学的校长，并兼任济南市教育局的副局长，而他重视教师与学生的人格的教育一如既往，山东省实验中学的教育教学也呈现出一片蒸蒸日上的景象。

5. 刘兴法校长的道德高地

刘兴法校长

江苏省海头高级中学（以下简称海头高中）地处农村，生源不是很好，可是，连年来，其高考成绩不断攀升，学生学习的积极性越来越高，那么，到底是什么原因让这所学校迅速发展起来了呢？

刘兴法校长认为，构建道德高地是学校起死回生的关键。学生的入学考试成绩不好并不可怕，可怕的是他们没有好的道德品质，而有了好的道德品质后，学生的学习效率自然就会高，成绩自然也就会好。

他认为，要想改变一所学校，首先要改变学校的精神；要想改变一个学生，首先要改变学生的人生观；要想改变一位教师，首先要改变教师的价值观。作为一所农村高中的校长，他认为在关注升学率的同时，更应该关注学生的成长、教师的发展、学校内涵的提升。学校首先从德育着手，以德育立校。例如，开设“人文大讲堂”，定期对学生和教师进行人生观、价值观的教育，邀请专家学者、劳动模范、创业成功者与学生和教师面对面地进行交流，效果明显。为充分调动学生的积极性，激发学生的潜能，学校还建立了富有特色的“海中大舞台”，宗旨是“海中大舞台，人人展风采”，让学生利用课间和周末进行演讲、表演歌舞等才艺展示活动，以此来激发学生的学习热情，提升学生的素质。学校还利用每周1小时的班会课，让学生就社会热点、学生在学校面临的实际问题、理想与前途、爱国与爱家、做人等问题进行讨论，整个过程由学生自行组织，不回避任何热点、矛盾，让学生充分讨论，从而使学生明白了很多道理，也释放了生活中和学习上的压力。

思想决定行动，人格决定境界。“人文大讲堂”等载体持续不断地提高了教师与学生的精神境界，这是他们超越自我、创造奇迹的内在力量。有的高中师生迫于高考压力，往往精神不振，毫无快乐可言。在这所学校里，我却惊喜地发现，所有师生都彰显着一种积极向上的精神面貌，呈现出一种特别乐观的幸福情感。师生同样是在为提高教学与学习的效率而努力，但并不是以牺牲自身的幸福为代价的。学校开展了不少有助于师生更好地成长的优质的教育活动，如“海中大舞台”，充分展现了学生的风采。尽管没有事先准备，可学生依然自告奋勇地走上舞台，快乐而又富有激情地表演着。而从学生观众那里爆发出来的一阵阵热烈的掌声，承载了更多的对他人的欣赏和内心的愉悦。在这样的环境中教学与学习，该是多么幸福啊！我想，学习不应当成为让学生心力交瘁的苦役，而应当成为他们获取知识与智慧的幸福之旅。而海头高中，则让这种幸福之旅变成了现实。

刘兴法校长说，学生养成良好的习惯，能够终身受益。学校要求学生坐有坐相，站有站样；要求学生离开座位的时候要随手把凳子整齐地摆放在课桌下；要求学生中午全部回宿舍就寝；组织学生开展“我爱我家”活动，让学生把学校当成自己的家，教育学生爱护学校的一草一木；教育学生每次回家都要为父母至少做一件事情；教育学生注意穿着和个人的卫生习惯，尤其要注意加强个人的品德修养。

只要在这所学校里转一圈，你就会对干净整洁的校园赞叹不已。很难想象学校竟然连一位清洁工都没有雇用，所有的卫生工作都是由学生负责的。这说明一个问题：良好的习惯是可以养成的。为什么有些学校会出现遍地的垃圾？是学生随手扔垃圾造成的。如果学生不扔呢，不就没有垃圾了吗？所以，学校领导与教师在让学生不扔垃圾上下功夫，让学生明白养成良好的卫生习惯的好处，并用切实可行的方法将这种意识有效地变成了学生的一种习惯。其他方面不也是这样吗？要求学生中午回宿舍睡觉，这在很多高中很难做到，因为这样会减少学生的学习时间。可是，当学生没有比较旺盛的精力学习的时候，学习的时间虽然比较多，却难以收到良好的效果。他们让学生午睡一个小时，看起来让学生少学习了一个小时，下午的学习效率却大大提升。午睡能不能形成习惯呢？他们的实践证明，不但能，而且并不困难。这告诉人们一个道理：在一般人看来做不到的好习惯，只要让学生明白其中的道理，同时施以有效的方法，是完全可以做到的。而良好的习惯一旦形成，就等于为学生储存了一笔良性成长的资本，这笔资本还会随着时间的推移不断增值，到了一定的生命节点上，则是可以随时提取“利息”的。

据刘兴法校长介绍，在对学生进行德育的过程中，他们还特别注重榜样的引领作用：在学生中开展“十佳卫生标兵”“十佳文明学生”“十佳孝星”“十佳助人模范”等各类评选活动，每年举办优秀学生的展示活动，让每一个学生找到自己的闪光点，让每一个学生找到自己的位置，让每一个学生找到自己的学习榜样；在各个班级中开展各类竞赛，每月评选“成绩优秀团队”“常规达标团队”“宿舍文明团队”“跑操优胜团队”，在升旗仪式上，为优胜团队隆重授旗，让获奖团队发表获胜感言，以此有效地激发学生在团队中合作、与其他团队竞争的意识，培养学生的集体荣誉感和责任感。

学生最容易向身边的榜样学习，因为这样的榜样是真实的，而自己努力之后照样也可以成为榜样。同时，榜样也应当是多元的，不应当只有学习方面的榜样，而应当辐射到方方面面。这样，不但榜样多，而且可以相对全面地提升学生的素养。当然，比起个人，团队榜样的力量更强大，它会增强学生的集体荣誉感和团队意识。《周易》有言："二人同心，其利断金；同心之言，其臭如兰。"当学生在为争创优秀团队而努力的时候，他本人也就融入了集体之中，也就融入了自己发展、别人也发展的良性竞争之中。

6. "千手观音"黄思路的品质

在"第四届全国十佳少先队员"中名列榜首的是一个叫黄思路的女孩，因"品学兼优，全面发展"的评价与"千手观音"的美称而成为许多中小学生的偶像。

儿童时期的黄思路

思路称自己是一个普通的女孩。的确，在她身上有着一般学生的普普通通的行为与品质，但那都是净化了的良好行为与美好品质。也许正因如此，她才使莘莘学子心向往之。同时，思路又有其独有的特色与品格，而这些特色与品格是可以通过精心培养与不懈努力而形成的，所以，她又使中小学生在对她佩服与景仰之余努力地学习、认真地效仿。这样，思路的典型意义、思路的独特景观便不再是空中楼阁，而有了丰饶的土壤与坚实的基础。

高中时期的黄思路

但思路毕竟是个谜。既然普普通通，为什么样样都学，而且样样学得快，样样都“神”？既然独具风采，为什么又自称再普通不过了呢？

思路两次前来山东，我与她相处 20 多天；后来我前往福州，对思路进行专访；2009 年，我们通过对话的形式共同完成了一本书——《说“长”论“短”中美教育——陶继新与黄思路的越洋对话》，由湖北教育出版社出版。接触愈多，采访愈深入，我愈感到思路的不凡，思路确实是一道风景，一道色彩斑斓、美不胜收的风景。

思路上小学一年级时，隔壁幼儿园的一位小朋友得了白血病，学校号召大家为他捐款。多数同学捐的都是两三元，思路却要捐 150 元，相当于妈妈一个月的工资。妈妈与她商量，能否少捐点，几十元也可以。思路感到很吃惊，一向扶危济贫的妈妈怎么变得这么小气了呢？在她看来，与治病要花的钱相比，150 元少得可怜。妈妈没有再反对，那个生病的孩子需要钱，自己的女儿需要学会爱，这笔钱花得值。当思路捐出这 150 元的时候，她像平时交学费一样，感到十分自然。

1998 年为抗洪救灾捐款，思路又捐了 200 元，但她请求老师不要公布她捐的数额，也不要表扬她，因为她认为这都是自己应该做的事情。

这些年来，思路把各种奖金、奖学金、稿酬都记在电脑中的记事本上。她已经向贫困的孩子与老人捐出了一万多元。她一直默默地捐助着几个孩子上学，每个学期开学前，她都悄悄地赶到银行取款，又匆匆地赶到邮局汇款。这种爱心与善举，对其一生都是一笔了不起的精神财富，是超越万元钱款之上的无价之宝。

思路接受过许多记者的采访，每逢他们问她帮助别人有何想法时，一向快言快语、思维敏捷的思路却怎么也回答不上来。因为她什么也没有想，她习惯了这样去做：自己遇到困难时，尽量自己解决；别人遇到困难时，千方百计地去帮忙。

思路常常跟着妈妈骑一个多小时的车子到山里一家盲人院去探望那些素不相识的盲人，给他们送去温暖与爱心。

福州北郊有个儿童村，那里住着70多个孤儿。得知这一消息后，她们母女俩便决定骑车前去看望那些孩子们。路途较远且难行，车子坏了三次，修了三次，但思路在此行中所获得的收益是前所未有的。那些孩子用纯真的笑脸欢迎她们的到来，思路将自己的稿酬100元捐给了儿童村。时值冬日，思路发现孤儿们收到捐赠的衣服不少，但鞋袜少得可怜。思路一回到学校，便写了一份题为“冬天就要到了，我的脚好冷”的倡议书，她还召集大队部扩大会议，让所有的大队委员和与会人员在倡议书上签名，并把打印出来的几十份倡议书贴到各个教室的墙上。第二天他们就收到了200多双鞋子和700多双袜子，那天她忙到很晚才回到家，见到妈妈的第一句话便是“一派丰收景象!”。第二天，他们决定将这些鞋袜送到儿童村去，但由于汽车小，只能有一半的同学可以坐车，其余的同学要骑自行车去。按规定，女生坐车，男生骑车。思路知道那段路十分难走，虽然自己还在生病，但她执意要骑车为男生带路。近两个小时的路上，思路忘了自己是女孩子，也忘了自己是个病人，她与男生一样骑得飞快，一路洒下一阵阵愉快的歌声和笑声。同学们到了儿童村，送上鞋袜，便与孤儿们欢快地打起了腰鼓，一起愉快地玩耍，直到很晚才踏上返程之路。妈妈认为思路到家后肯定会累得马上倒在床上，谁知她哼着小曲踏进大门，笑着讲起这次儿童村之行，丝毫没有感觉到累。

此后，思路便与儿童村结下了不解之缘。再后来，儿童村迁到了离思路家只有两公里的地方，思路更是每周都去，星期六与星期天干脆住在儿童村，与他们一块儿下地干活，一块儿说笑话、讲故事，并教他们学英语、电脑与弹钢琴。她太爱这群孩子了，她盼着双休日的到来，甚至星期五放学后便径直奔向儿童村。她离不开那群孤儿，那群孤儿也离不开思路。

上初三的时候，思路的学习任务越来越重，但她依然经常去孤儿村，依然与那群孤儿一起玩耍。我真担心这会影响思路的升学考试成绩，尽管她的成绩一直非常突出。我只好给儿童村的村主任胡曼莉打电话，让她劝阻思路在这非常时期少去几次儿童村。

1997 年暑假，我们山东教育社与《齐鲁晚报》、山东教育电视台请来了胡曼莉与她的孩子们，几十个孩子从福州风尘仆仆地赶到了齐鲁大地，并进行了一次意义深远的“绿荫”夏令营活动。思路因学校有节目难以随行，但节目演完之后，她便独自一人赶到山东，与这些孤儿一起踏上了“绿荫”夏令营活动的征程。思路依然与孤儿们吃住在一起，思路是他们的好姐姐、好朋友，与他们形影不离，情同手足。那份亲情与美好，给山东的人们留下了一份永难忘却的记忆。

在“绿荫”夏令营活动举办的半年前，我还策划了一个“全国十佳少年齐鲁行”活动，由“全国十佳少先队员”黄思路、孙岩、车亮、孟娜及其家长专程到山东一些地方，讲述他们的动人事迹，将“十佳精神”传播到齐鲁大地上。此前，思路收到过山东许多学生的来信，其中有一个叫程美丽的女孩。在这次齐鲁行的第一站滨州，有个还不富裕的阳信县，阳信县有个西程子坞村，是一个比较贫穷的小村庄，在一个茅舍旧屋构成的院落里，住着程美丽与她的父母和弟弟。

思路要去看看程美丽，这是一个与思路常有书信往来而又未曾谋面的失学女孩。她迫于生活上的压力，已经打工做了保姆。得知这一情况后，我们也都一块儿去了。程美丽得知思路要去的消息，彻夜未眠，她一针一线亲手钩织了一块白色的手帕，其中承载着太多的感激之情与深厚的友情。她含着泪水将手帕送给思路，流着泪水与思路拥抱。思路打开随行的箱子，将衣物、文具等物品以及500元钱送给程美丽，让这个失学的女孩去圆上学梦。思路哭了，程美丽和她的妈妈也哭了，在场的人们都哭了。一份真情、一片爱心在这个穷困的院落里似溪水般汩汩流淌，流到每一个人的心里。

1999年春节后我专程去了福州，再次采访思路时，与一位皮肤黝黑、身强力壮的山东青年不期而遇。他是莱芜人，来福州之前与思路有过书信往来，名叫逯红星。他自幼父母双亡，与孤苦伶仃的奶奶相依为命。不料后来奶奶又去世了，他成了孤儿，只好中止了高中的学习生活，在家干了几个月活儿，实在无法维持下去了，便循着思路回信的地址，只身来到思路的家。他没有勇气请思路给他找份工作，他只是到这里来闯闯运气的。思路收到过他的两封书信，电脑里有这个孩子的“档案”。怎么办呢？以前遇到过不少有困难的求助者，思路捐出了许多钱，也回过不少信，但也有借机欺诈者，她上过当，也付出过不小的代价。不过，这个孩子友善中透出质朴，拙于言谈而又不失聪慧。思路与父母决定帮助他，思路的爸爸给他联系了一家印刷厂，这个孩子成了那里的一个优秀工人。那天，他是抽空来到思路的家里学习电脑的。他依然带着羞涩的神情，依然没有太多言语，但一提起他在福州落脚的事，他的眼里便贮满了泪水：“是思路和她的全家给了我新的生路与希望，我一辈子也报答不了他们的恩情。”一行热泪在他那黝黑的脸上无声地流淌，令我备受感动。

那天我们共进晚餐，他正坐在我对面，突然间，他情不自禁地偷偷笑了起来，让我感到莫名其妙。他一边说着“对不起”，一边看着思路全家人说：“人家都说我掉到蜜罐子里啦!”原来，这里已经成了他的家，他可以随时到这里吃饭、洗澡、学电脑，农村人的纯厚质朴与思路全家人的善良单纯早已悄悄地融会在一起。

思路对我说：“我们应当友善地对待世人，我们也应当真心地去爱人们。对人友善使我感到欣慰，付出爱心使我感到愉快。”说完，思路明亮的眸子一闪，便匆忙到电脑旁回复全国各地的来信去了。

与思路永远回不完的书信一样，她的爱心绵长，似滚滚不尽的江河，永远流淌。这种爱心不断地延伸，向着更多的地方、更多的人传播，然后又升华为一种爱国精神、一种民族精神。

1998年她随代表团到台湾省时，同行的团员在桃园机场留影，要用国民党的青天白日旗做背景，请思路帮忙拍照。一向微笑待人、温和优雅的思路突然收敛起笑容，严肃地斥责道：“你们怎么连最基本的道理都不懂?”然后毅然离开，留下尴尬的团员们在那里思考。

思路并非不爱我们的台湾省，因为那是中国的领土，那里有自己的同胞，但是，在一个中国的思维框架里，思路的心中只有一面迎风招展的五星红旗。

思路有一个很好的朋友，他叫麦可田，是思路在出演电视剧《闪光的年华》时结交的挚友。他的爸爸是美国人，妈妈是中国人。他们俩谈天说地、形影不离，恰似一对姐弟。不过，一天，两个人发生了激烈的争吵，原来两个孩子就一个中国还是两个中国的问题各执己见，势不两立。一气之下，思路说："我不理你了，你也不要再叫我大姐姐了！"过了好一会儿，那个小男孩才怯怯地走到思路面前，乞求思路说："大姐姐，你说得对，就是一个中国，咱们俩还是好朋友好吗？"思路伸出双手，又恢复了往日的温柔与微笑，与这个小男孩的手握在了一起。

1999 年办理好去美国爱斯本音乐学校的手续之后，思路做的第一件事就是去商店买了一面国旗与一枚国徽。她要把这面国旗插在美国学校的宿舍里，她要戴着中国国徽走在美国的土地上，她要让美国人知道她是一个中国人，她为自己是一个中国人而骄傲。

她在日记中写道："我特别崇尚正义的事业，所以喜欢当警察、记者、法官，总之做个好人。我要对天下的小朋友说的话是'我是中国人，我永远爱自己的祖国'。"

柔弱的女孩却有钢铁般的誓言，也有钢铁般的性格，这种反差，使我不得不再次审视面前的思路，在她的温和优雅中透射出一种耀眼的刚强。

思路由小学到初中、高中，再到北京大学，全部保送，2006 年被美国常青藤名校哥伦比亚大学录取。留学期间她在纽约百老汇倪德伦环球娱乐公司实习并兼任哥伦比亚大学东亚研究所汉语教师，2008 年获艺术管理硕士学位，后于纽约罗德公关公司工作。

思路不管在什么地方，不管是学习还是工作，都以效率高与效果好而著称，我们共同完成的那本书是通过 QQ 聊天完成的，只用了20个小时，效率之高是一般人难以想象的。可是，在采访她和她的妈妈王晶老师的时候，我发现，是她美好的品德让她拥有一颗纯净的心灵。正是这样，她才不会被纷乱的外物所干扰，学习和工作的效率才如此之高。

7. 孔子的“为己之学”

孔子

孔子之学是“为己之学”。所谓“为己之学”，就是为了自身内在的需要而提升，而不是为了向别人炫耀。《论语》有言：“君子求诸己，小人求诸人。”所以你即使成了名师，也不是说就了不起了，还要继续不断地提升自己的素养才行。任何一个人，如果只是为了追求名利，就算当时是名人，若是没有内在修为的支持，也只会昙花一现，更别说获得生命的能量了。

孔子就是一个“为己之学”的人，他的思想核心是“仁”，他说：“富与贵，是人之所欲也，不以其道得之，不处也；贫与贱，是人之所恶也，不以其道得之，不去也。君子去仁，恶乎成名？君子无终食之间违仁，造次必于是，颠沛必于是。”意思是说，富裕和显贵，是人们都想得到的，但是不用正当的方法得到它们，就不应该享受；贫穷与低贱，是人们都厌恶的，但是不以正当的方法摆脱它们，就不会摆脱的。君子如果离开了仁德，怎么成就名声呢？君子时时刻刻都不能违背仁德，哪怕是一顿饭的时间也不行，就是在最紧迫的时刻也必须按照仁德办事，就是在颠沛流离的时候也一定会按仁德办事的。他又说："有能一日用其力于仁矣乎？我未见力不足者。盖有之矣，我未之见也。"意思是说，有能用一天的时间把自己的力量用于实行仁德的人吗？我还没有看见力量不够的。这种人可能还是有的，但我没见过。

孔子特别强调个人的道德修养，尤其是养成仁德的情操。但是在当时动荡的社会中，爱好仁德的人已经不多了，所以孔子说他没见到。但孔子认为，只要经过自己的不懈努力，是完全可以达到仁德的境界的。孔子把"仁"置于思想的中心地位来构建哲学的框架，其精神生活之重要、内心世界之丰富是不言而喻的。也就是说，孔子十分注重人对内心世界的追求，把精神的高尚与充实看得比什么都重要。在其"为己之学"中，他主要强调的是现实生活中的道德践履，目的是为了做一个能够自我提升、具有独立人格的人。对此，《荀子·劝学》的解释最为透彻："君子之学也，入乎耳，箸乎心，布乎四体，形乎动静，端而言，蝡而动，一可以为法则。小人之学也，入乎耳，出乎口，口耳之间，则四寸耳，曷足以美七尺之躯哉？"意思是说，君子做学问，是把所学的听入耳中，牢记在心中，融会贯通到整个身心，表现在一举一动上，即使是极细小的言行，都可以作为别人效法的榜样。小人做学问，是把学到的听入耳中，从嘴里说出来，嘴巴与耳朵间的距离不过四寸，怎么能使自己的七尺之躯具有良好的品德呢？古时候的学者，学习是为了进德修业；当今的学者，学习却是为了向人炫耀。因此，孔子无限感叹地说："古之学者为己，今之学者为人。”意思是说，古代的人学习是为了提高自己，而现在的人学习是为了给别人看。意在告诫人们，学习不是为了给别人看的，而是为了提升自己的人生境界。所以，要“不患人之不己知，患不知人也”，意思是说，不怕别人不了解自己，只怕自己不了解别人。

在这方面，孔子的弟子颜回做得非常好，颇受孔子的赏识。因此，当有人问及他的一些弟子是否达到“仁”的境界时，孔子用“未知也”予以回答，委婉地进行了否定。可是，说起颜回，他则直接予以肯定，并说：“回也，其心三月不违仁，其余则日月至焉而已矣。”意思是说，颜回这个人，他的心可以在长时间内不离开仁德，其余的学生则只能在短时间内做到仁德而已。《中庸》引用孔子之言，说得更加肯定：“回之为人也，择乎中庸，得一善言则拳拳服膺，而弗失之矣。”意思是说，颜回是这样做人的，他选择了中庸之道，领悟了一个好的道理，就牢牢地记在心里，不把它忘记。

关于颜回“为己之学”的故事流传至今，仍为人们津津乐道，其中有这样一个《颜回“偷”食》的故事——

有一次，孔子和他的弟子们被围困在陈、蔡一带，连续七天没有食物可吃。弟子们饿了这么久，一个个面黄肌瘦的。子贡见师兄弟们饿得实在难以忍受，就冒险突出重围，用自己身上仅有的财物到外面换了一点米回来，希望给大家充饥。可是，人数众多，换回的米是很有限的。颜回和子路找了一口大锅，在一间破屋子里为大家煮稀粥。一会儿，子路有事离开了，剩颜回一人盯着。恰巧这时子贡从旁边经过，正好看到颜回拿着一把小勺往嘴里送粥喝。子贡看了心里有些不高兴，但他并没有去质问颜回，而是来到了老师孔子的房间。子贡向老师行礼后，问孔子：“老师，有爱心、有气节的人在面临穷苦的环境时，会改变气节吗？”

孔子立刻回答道："如果在穷困的时候，就改变了气节，那怎么还能算是有爱心、有气节呢？"子贡接着又问孔子："像颜回这样的人，该不会改变他的气节吧？"孔子非常明确地回答："当然不会。"于是，子贡便将看到颜回偷吃粥的事告诉了孔子。

孔子听了，并没有显出很惊讶的样子，他说："我相信颜回的人品，虽然你这么说，但我还是不能因为这一件事就怀疑他。其中可能有什么缘故吧，你不要讲了，我先问问他。"

于是，孔子便让人把颜回叫来，对他说："前几天，我梦到了自己的祖先，想必是要保佑我们的吧？你的粥做好了之后，我准备先祭祀祖先。"颜回听了，马上恭恭敬敬地对孔子说："老师，这个粥已经不能用来祭祀祖先了。"

孔子一听，问："这是为什么呢？"颜回回答说："我刚才在煮粥的时候，粥的热气散到了屋顶，屋顶被熏后，一小块黑色的尘土掉进了粥里，我就用勺子舀起来，想要把它倒掉，但又觉得很可惜，于是便吃了它。用吃过的粥来祭祀祖先，是不恭敬的呀！"

孔子听后一笑，说："原来是这样，如果是我，也一样会吃了它的。"

所以，当颜回逝世后，孔子悲痛欲绝地喊道："噫！天丧予！天丧予！"意思是说，老天爷呀！真是要了我的命呀！真是要了我的命呀！《论语》中有一章："颜渊死，子哭之恸。从者曰：'子恸矣！'曰：'有恸乎？非夫人之为恸而谁为！'"意思是说，颜渊死了，孔子哭得极其悲痛。跟随孔子的人说："您悲痛过度了！"孔子说："我悲痛过度了吗？我不为这个人悲痛，又为谁悲痛呢？"

有没有"为人之学"的人呢？多的是！如战国时期的苏秦凭借三寸不烂之舌四处游说，就是为了声名显赫，就是为了荣华富贵。结果，他尽管也曾显赫一时，最终还是落了个悲惨的下场。

现在，有没有“为人之学”的名家与名师呢？也是有的。有的人学了一些知识，在教学上也取得了一些成绩，并通过不正当手段获取了一些荣誉称号，于是成了“名家”“名师”。可是，其本质是改变不了的，也是掩饰不住的。结果，其所到之处，都会因其低下的人格而留下很不好的名声。我想，这样的“名家”“名师”，是不可能长久的。因为世间有一个规则，那就是一心想着出名的人是很难有持久的名声的。

我一直认为，人格是做人的底子，如果没有底子，上面的成就再高，最终也会倒塌。我的座右铭有两句话——“善待他人，发展自身”和“己欲立而立人，己欲达而达人”。前者是对自我修身的概括，后者表明孔子之道一直记在心中。

“善待他人”既源自我的善良本性，更受惠于《论语》《圣经》《金刚经》等经典文化的滋养。也正因善待他人，我既不陶醉于别人的赞誉，也不计较他人的反对。善在心中，便有了心灵的一片净土，乐亦自然在心中回旋。在从哲人那里汲取思想营养的时候，世界文学大师作品中的审美情趣与文学描述也走进了我的心灵世界。于是，行文也就向“道法自然”的境界渐渐趋进。这些又与宠辱不惊的心态形成一种和谐的关系，使自己的生命成长有了动力支撑与智慧源泉。于是，所谓的高效，也就水到渠成、自在其中了。

第七讲

功夫积聚效能

——在学习中积淀成长的力量

滴水穿石，非一日之功。我深信“只要功夫深，铁杵磨成针”的道理。当然，这里的功夫不是浅功夫，而是深功夫；不是一时的功夫，而是一生的功夫。我坚信“功夫不负有心人”，任何一位教师只要一如既往地在经典文化上下功夫，最终会成为真正意义上的名师，甚至成为大师，而写起文章来，则既可以妙笔生花，又能富有内涵。

这样的教师，不但会成就自身，也会成就其学生。不只是文化功夫本身在起作用，其持之以恒的精神与文化追求的品质，更会给学生以生命启迪。

一、由技入道

相信老师们都读过欧阳修的《卖油翁》和庄子的《庖丁解牛》吧。《卖油翁》中有这样一段：

康肃问曰：“汝亦知射乎？吾射不亦精乎？”翁曰：“无他，但手熟尔。”康肃忿然曰：“尔安敢轻吾射！”翁曰：“以我酌油知之。”乃取一葫芦置于地，以钱覆其口，徐以杓酌油沥之，自钱孔入，而钱不湿。因曰："我亦无他，惟手熟尔。"

庄子的《庖丁解牛》讲道：

庖丁为文惠君解牛，手之所触，肩之所倚，足之所履，膝之所踦，砉然响然，奏刀騞然，莫不中音，合于《桑林》之舞，乃中《经首》之会。

文惠君曰："嘻，善哉！技盖至此乎？"

庖丁释刀对曰："臣之所好者，道也，进乎技矣。始臣之解牛之时，所见无非牛者；三年之后，未尝见全牛也。方今之时，臣以神遇而不以目视，官知止而神欲行。依乎天理，批大郤，导大窾，因其固然，技经肯綮之未尝，而况大軱乎！良庖岁更刀，割也；族庖月更刀，折也。今臣之刀十九年矣，所解数千牛矣，而刀刃若新发于硎。彼节者有间，而刀刃者无厚；以无厚入有间，恢恢乎其于游刃必有余地矣！是以十九年而刀刃若新发于硎。虽然，每至于族，吾见其难为，怵然为戒，视为止，行为迟，动刀甚微，謋然已解，如土委地。提刀而立，为之四顾，为之踌躇满志，善刀而藏之。"

这两则小故事都说明了熟能生巧的道理，而且道明了"术"与"道"的关系。任何人的本领都不是天生就有的，只有下了很大功夫的人，才能拥有更大的收获。卖油翁"乃取一葫芦置于地，以钱覆其口，徐以杓酌油沥之，自钱孔入，而钱不湿"，庖丁"手之所触，肩之所倚，足之所履，膝之所踦，砉然响然，奏刀騞然，莫不中音，合于《桑林》之舞，乃中《经首》之会"，这两个人出神入化的本事的背后凝聚着一种叫"功夫"的能量。

有人练习写作，用这种写作方法，用那种写作方法，参加这个写作班，参加那个速成班，可是，如果没有持续不断的练习，是不可能写好的。

有人说我的写作速度很快，其实，开始并不是这样的。我只是持续不断地写，渐渐地就进入熟能生巧的境界了。现在我已经发表了八九百万字的文章，而实际写下的文字更多。从写得慢到速成，是一个非常漫长的过程，而且非常艰苦。可是，我从来没有放弃过，即使在相当长一段时间里品尝不到成功的喜悦，我还是一如既往地行走在写作的道路上，这一走就是30多年。现在，写作已经成了我的一种审美追求。我在题为“近道写作：开启审美人生之门”的讲座中就谈了我目前写作的一种审美状态。

有人说只有学了方法才能高效，方法多快啊，学了就能用。错了，学了方法不一定能达到真正的高效。因为看上去好像立即就能用，但效果并不好，更不持久，因为缺少了“道”的支撑。同时，把本来可以用于“道”的学习的时间浪费在技法的模仿上，白白损失了机会，这不就是绕远道了吗？

我听过很多次贾志敏老师与于永正老师的课，每次听课都让我对他们敬佩不已。上课之前，他们并没有与学生接触，对所谓的学情，开始并不了解。可是，刚开始上课几分钟，他们就走近了学生，很快呈现出让人惊诧不已的精彩的课堂教学。即使那些所谓的教学改革的典型学校的优秀教师给自己的学生上课，与贾志敏老师和于永正老师比起来也相形见绌。究其原因，因有一种看不见的功夫在。在他们那里，当然有教学的技巧，可是，那不是一般的方法技巧，而是由技入道的奥妙。这与他们几十年如一日的课堂教学实践有关，不只是熟能生巧，还有一些只可意会不可言传的“道”的支撑。

其实不仅仅是教师教学，人们做任何事情皆是如此，都走不出“道”与“术”的范畴。如果“道”是河，“术”就是舟；如果“道”是舵，“术”就是桨。无河无以载舟，无舟难以渡河；无舵则无方向，无桨则无动力。“道”是方向，“术”是方法；“道”是法则，“术”是谋略。而要想走入“道”的境界，必须下功夫。

二、厚积薄发

不少教师，尤其是青年教师，特别想成为名师，有的还想成为全国名师，这是可以理解的。拿破仑说过："不想当将军的士兵不是好士兵。"对卓越的追求是一个人成长的助推器，但是如果没有正确的见地，没有厚重的文化做底子，就等于种子没有被埋入足够深的土壤中，即使有充足的阳光与水分，到最后也只能是昙花一现。年轻是资本，因为年轻伴随着可贵的机会和旺盛的精力，是令人羡慕的。我 30 岁时才上了一所专科学校，32 岁毕业后才做了山东省曲阜师范学校的老师，起步之晚显而易见。所以我想真心地奉劝年轻教师们，一定要珍惜时间，但同时不要急于求成。孔子曰："无欲速，无见小利；欲速则不达，见小利则大事不成。"此言不虚呀！大家想想，生活在这个快节奏的现代社会中，人们都在求快，连吃饭也求快，于是导致速成食品泛滥。速成食品或许可以让我们饱腹，却是以损害我们的健康作为代价呀！像速成鸡，我一点儿也不敢吃，鸡肉好吃不好吃还在其次，里面的胆固醇、脂肪多"丰富"呀，再"附赠"些激素，吃这东西不等于慢性自杀吗？工作也是这样，速成的代价是空中楼阁，根基的缺乏是成长的硬伤。俗语说得好："坐得住朝朝夕夕，耐得住年年岁岁，你才能做出好的物件。"

古人说，大智若愚，大器晚成。因此，教师要做好充分的准备，当你是教坛新秀的时候，要知道自己通往全国名师的路程还很遥远，千万别着急，你有的是时间，年轻是一个绝对的优势。把心放安稳了之后，就要放下这个优势，然后以一种时不我待的姿态，每天学习，持续提升，给自己制订一个成长计划，不断发展。每天学一点儿东西，虽然看起来不多，但是积累起来就是一个大工程。李嘉诚是香港的首富，但是他在商界上能有今日的成就绝非偶然。李嘉诚每天晚上睡觉前一定要看半小时的新书，了解前沿思想理论和科学技术。据他自己说，除了小说，文学、历史、哲学、科技、经济方面的书他都读，每天都学一点儿东西，这是他几十年一直保持的一个习惯。

对这一点我也有深刻的感受。多年以来，每天早上锻炼归来和晚上临睡前我都坚持读书，周六、周日从不玩乐，不是出差就是在办公室写文章，从年轻时到现在一直都是这样。

可以这样说，在10年以前，教师中有谁知道陶继新吗？很少很少。当时我只出了3本书，还是质量不是很高的书。今天，我之所以被很多教育者所熟知和认可，也绝非这几年的努力所致，而是30年来坚持“厚积”，遇上了合适的时机，而得以“薄发”而已。

读书也好，教师的成长也好，我都有一个观念，叫“蹲苗”。可能一般人不知道什么叫蹲苗，我一解说大家就明白了。我年轻的时候当了10年农民。当时我家分到一小块自留地，每年种两季麦子和玉米。我种的玉米，不仅在我们村里，甚至在周围的村里，都是数一数二的。我的玉米秆虽然比别人的矮了一截，却又粗又壮，玉米棒也是又粗又大。有的老农民问我：“我们种了一辈子地了，怎么还没你的玉米长得好，道理是什么?”我说：“蹲苗。”他们都问我：“什么叫蹲苗?”我说，玉米苗有了充足的水分、阳光、肥料之后，就会疯长。但是长到很高很茂盛的时候，来一阵狂风暴雨就有可能把它吹倒，就算没吹倒，它供到玉米棒上的营养也不够了。我种玉米则不是这样，我要给它蹲苗，让它别长这么高。我锄地时，会把玉米表层的根锄掉，让它往深处长。而且我还有一招，叫“移苗”。什么叫移苗呢？等玉米苗长到一定程度时，我在“赤日炎炎似火烧”的天气里把它移一个地方。它要挣扎着活下去，就只能往更深的地方扎根。所以我的玉米苗虽然长得慢，但是长得很粗壮，狂风暴雨奈何不了它，玉米棒结得也很大。

教师的发展也是这样的道理。世界上凡是成大事者、成大师者，没有一个不经历过波折和苦难。正是有了波折与苦难的偶然，才能有成功的必然。

生长在特殊历史环境中的我，单是求学之路就走得很艰难，我几乎是冲破万难参加了高考，而且考的分数很高，位居全县第二名。可是，有的比我考的分数低的人竟然上了北京大学，而因为我的档案材料上写得不好，我却连济宁师范专科学校都上不了。后来我只身一人到济南直接去找了素不相识的时任山东省教育厅厅长的高维真，向其倾诉我的不平遭遇，幸得高厅长的关心与帮助，在济宁师范专科学校开学后的一个月我终于走进了学校。对这来之不易的学习机会，我倍感珍惜。自上学之后一直到今年，每年除夕上午与大年初一下午我都是在编辑部度过的。不管是读书、写作，还是与教师、校长们对话，对我而言，都是难得的学习机会，也是不断积累的过程。近年来，我背诵了《大学》《中庸》《学记》，还看了一些经典好书。这些其实就是为自己的精神生命积累财富，积累得越多，自己的生命也就越丰富。我希望用自己的一生去积累无涯的知识。因为积累到一定量的时候，便会从量变到质变，厚积而薄发。

记得我第一次在全国讲课的时候，有几位同台的知名专家有点儿看不起我。为什么说看不起我呢？举其中一位专家的例子，大家就知道了。我们两个在一起坐着，这位专家很自豪地向我介绍说自己是北京某名牌大学的博士生导师，说完之后不屑一顾地问我是哪里毕业的，我说第一学历是济宁师范专科学校后，他更加瞧不起我了。但是，结果是他始料不及的。他讲了一上午课，大多是按照课件上已有的文字读下来的，而且并没有多少新东西，僵化得很。他讲的时候，竟然陆续走了三分之一以上的人。而在我讲的整个过程中，没有一个人走掉，并且在讲课结束后大家的鼓掌声经久不息，还有一批人上台要求与我合影留念。

其实，专家需要讲书本知识，但更要融入个人的生命感悟，形成属于自己的语言和思想。所以，专家水平的高低，不在于毕业于何处，也不在于起点在哪里，关键是有没有给自己的生命成长做了足够的积累。鲁迅连专科都没有读完，而且读的是医学专科，可是，那么多北京大学、清华大学毕业的文学博士生，有几个能达到他的文学水平呢？当今中国，比诺贝尔文学奖获得者莫言的学历高的人有很多，可是为什么没有那么高的文学造诣呢？看来，一个人未来成就的大小不在于其起点高低，而在于在整个生命历程中是否在不断地汲取精神营养，即使有了很大的成功，依然能不懈地追求下去。

当然，我并不是说所有名牌大学的博士生导师都不好，从一般意义上来说，名牌大学出人才，导师更有水平，我所说的只是一个个案，我们要从中明白，不管是从哪所大学毕业的，也不管是在哪所大学里教书，都要不断地充实自己、丰富自己，让自己真正名副其实。

年轻教师如果从现在做起，不断地为自己的生命积累精神营养，到了40多岁的时候，就会比我现在还要强，因为你们的起点比我的高。所以，一定不要急躁，要沉住气。现在这个社会，功利之心蔓延，浮躁之风盛行，校园本应是宁静的天堂，然而因为功利之心、浮躁之风的侵袭，师生的心灵也跟着喧嚣起来了。所以教师千万要注意，首先要把心静下来，你们还年轻，未来的时间还有很多，要想成名，就要慢慢地来，急不得。种瓜得瓜，种豆得豆，这是一个生命规则。当你为自己积累了足够的生命财富的时候，你想不出名都是不可能的，一切自然而然，水到渠成，就是这个道理。

我与魏书生合著了三本书，在一般人看来，这需要花很长时间。其实，我们只是在录像机前说了三天话，再让人将这些谈话整理成文字，我们稍作修改就出版了。这是不是高效？当然是。可是，如果往深层次考虑一下，这绝对不是三天的事，而是几十年的事，因为三天所讲的只是为几十年的积淀找到的一个突破口而已。

全国著名特级教师王崧舟的课如行云流水而又诗意盎然，让很多教师“心向往之”。我们两个也曾在录像机前进行过一天的对话，后来整理成书，名为《语文的文化品格》，已由中华书局出版。

在对话的时候，他就谈到“厚积薄发”这个话题。

王崧舟老师

王崧舟老师认为，课堂教学从其本质意义上说，“教的是底蕴”。所有的优秀教师，所有的名师，最终在课堂上所呈现的，其实都是他们的文化底蕴，他们的魅力来自他们的文化底蕴，他们的吸引力、创造力，乃至竞争力也来自他们的文化底蕴。由底蕴来筑基，这个“基”就像冰山的基座，冰山的基座越庞大，那么露出水面的冰山一角就可能越高。

王崧舟老师还认为，教师的智慧主要应该体现在课堂上。一位充满智慧的语文教师，他的课堂应该存在三重境界：人在课中，课在人中，这是第一重境界；人如其课，课如其人，这是第二重境界；人即是课，课即是人，这是第三重境界。境界越高，课的痕迹越淡，终至无痕。因此，课的最高境界乃是无课，这是一种大智慧。智慧课堂的第三重境界是要洞悉“即”的智慧。“即”者，“当下”也，“实现”也，“即心即佛”也。你的人生，存在于课的每一个当下；课的每一个当下，成就了你的人生。语文人生，人生语文。糟糕的、浮躁的、粗野的、暴戾的语文课成就了你糟糕的、浮躁的、粗野的、暴戾的人生；反之，诗意的、宁静的、优雅的、温婉的语文课成就了你诗意的、宁静的、优雅的、温婉的人生。这是职业生命的不二法门、最高智慧。自然，此处所言为佳境，当是语文课的一种积极的当下的实现。我在上课，但我同时又在享受上课。我全然进入课堂中的每一个当下，和学生情情相融、心心相印，我让自己的每一个细胞和每一寸肌肤去感受课堂中的每一个当下，我会在不经意间邂逅生命的高峰体验，我会在课堂上率性而为，和学生一起欢笑、一起流泪、一起沉思、一起震撼。于是，我就是课，课就是我，我和学生一起全然进入一种人课合一的境界。这种境界是什么？这种境界就是诗意，就是自由，就是深深的幸福感。要达到这重境界，关键是要体验、把握语文课的每一个当下。进入“即”的境界，也就是孔子所谓的“从心所欲，不逾矩”。课的所有规范、准则，因为嵌入了师生的生命和灵魂，便成为自由和率性的道场。无课才是课的最高境界，这重境界已经接近道的境界了。

三、上天入地

什么叫“上天入地”呢？所谓“上天”，就是读“天书”。什么是“天书”？我认为古今中外的大师的作品就是“天书”。被誉为“日本的爱因斯坦”的汤川秀树（诺贝尔物理学奖获得者）在《旅人》一书中说：“我五六岁时就开始诵读中国经典……第一部分是‘四书’，是从《大学》开始的。我最早读的一本书就是《大学》，《论语》和《孟子》也是启蒙读物。”

著名企业家、海尔集团董事局主席兼首席执行官张瑞敏说：“我最喜欢的三本书是《老子》《论语》和《孙子兵法》。”他正是因为善用这些经典来管理、经营企业，才使得海尔集团成为当前中国最成功的企业之一。

汤川秀树和张瑞敏因为多看“天书”，所以才有了超越一般人的智慧与成就。

印度的思想家、哲学家克里希那穆提说，人的感知能力非常重要。这种能力能够让你发现人生中随处可见的美。提高感知能力就得提高输入量，如果你的输入量不够大的话，是无法实现有效输出的。提高输入量后，才能有持久的生命动力。那么，什么时期输入好呢？人在记忆的黄金时期，即儿童时代，应多背诵。如果这个时候不背诵，就会如《学记》所言：“时过然后学，则勤苦而难成。”孩子可以如海绵一般进行全纳式吸收，而且并不感到特别困难，甚至会感到快乐。同时，输入的必须是精华，也就是最经典的古代文化。孩子不了解这些经典的内涵没关系，关键是要将这些经典内化于心，到了一定的生命节点上，就会与所学的知识和技能及实践经验联系起来，产生意想不到的作用。

不过，这并不是不让成人阅读古代经典，只不过说这个时段背诵的速度慢了、忘记的速度快了而已。如果不断地反复背诵，还是可以牢记其中的精华的。而且不只有背诵这一条路径，还有阅读。著名史学家任继愈和国学大师南怀瑾先生都说过，读一年古文就相当于高中阶段的水平，读两年古文就相当于大学的水平，读三年古文就相当于大学中文系的阅读水平。那么，如果背诵几年经典呢，水平就更高了，作用也就更大了。

很多人说自己天天看书，但是很长时间都看不出有什么本质的变化。所以我很怀疑，他们看的其实不是书。为什么这样说？现在的书虽然看似琳琅满目，但是质量参差不齐。而读书也要遵循一个生命之道，那就是“取法乎上”。什么叫“取法乎上”？就是读最好的书。“取法乎上，得乎其中；取法乎中，得乎其下。”你读大师的作品，虽到不了他的层次，但至少能达到中层；如果你读中层次的书，你最多只能徘徊在下层。所以，如果读的是低层次的书的话，就等于读的不是书，也不可能提升自己的生命质量。

我读的书在数量上可能没有别人多，但是这些书对我大有助益。前段时间，有位熟人见了我说：“陶老师，有件事我百思不得其解。”我问什么事，他说：“20 多年前，我的学历比你高，我的知识也比你丰富，怎么过了 20 多年以后，我们两个反过来了，甚至有了天壤之别呢？”我说：“我读了 20 多年书啊，一边工作一边读书。”他说：“我也读了 20 多年书。我可以断定我读的书绝对不会比你读的少。”我问他读了什么书，他说了些书名后，我就说：“你读的这些书都是三流、四流作家的作品，这些书有情趣性，也有故事性，但滋养度、深刻度几乎没有哇！‘近朱者赤，近墨者黑。’在这点上，我比你聪明一点点，我把 85％以上的时间都用到诵读经典上了。或许在读书的数量上我没你多，但这些书可以以一当十，甚至以一当百啊！”所以，同样是读书，差距就在于所读书的品位高下上。我们要向大师学习，但是我们跟前没有大师，怎么办？穿越时空，到大师留存的精神文本中去汲取智慧，读他的书，背他的文章。读上几年的好书，我相信教师的“文化存款”必将大幅增值。

有人说，你把《道德经》背下来，老子跟你一辈子；你把《论语》背下来，孔子、曾子跟你一辈子。你把这些经典都背下来，你就跟大师越来越像了。我现在还不是大师，但是我在这将近30年的时间里每天都向他们靠近一点点，正所谓“不积跬步，无以至千里”。

现在的报刊也越来越多，可是，在这30年间，我只订了中国社会科学院文学研究所主办的《文学评论》这一种刊物。一般的报刊品位不是太高，读了也不会受益很大。

除了“上天”，还要“入地”。为什么要“入地”呢？你所有的理论，如果不接地气，就会变得虚无缥缈，没有作用，没有意义。大家想一下，某些名牌大学的一些所谓博士生导师，他们研究的一些成果确实很可贵，但是为什么其影响不能历久弥深呢？更不用说像孔子的《论语》那样流传几千年还仍然在世界上辉煌不减呢？因为孔子是在实践中行走的，他周游列国14年，一直在实践，在接触生活，他是接地气的。纯理论研究永远无法内化成一种生命的能量。所以现在大学的教授讲课，如果全是空讲理论，是没有人愿意听的。而像我前面讲到的莫言一样，正是他有丰富的实践经验，他接地气，他的文学作品才有了着力点，从而达到了很高的境界。

这30多年来，我一直在全国各地行走，几乎每周都有采访和听课的机会，已经走了600多所学校，而且一直跟校长、教师、学生、家长、专家在一起交流，对他们做采访。采访的过程正是接地气的过程，汲取他们的智慧，撷取其中的精华，再加入我自己的学习与经历、思考与理解，便形成了我的东西。所以从某种意义上来说，是他们给了我生命的历练，或者说，是大家成就了我。如果没有接地气，我所有学的东西、背的东西都起不了如此大的作用，唯有将这两者融合才是不二法门。

教师虽然天天都在教学一线，却不一定真能接地气。需要注意的是，如果教师教学的时候只是依赖教学参考书，那便是鹦鹉学舌，便没有真的接地气。我开展教学的时候，有个最大的特点就是每教完一课，一般都要写一篇总结反思性的文章。所以我在山东省曲阜师范学校教学三年半的时间里，结成了一本书——《洒落教苑的思索》，这样做既是对之前教学的总结，也是对之后教学的启示，有实践，有提炼，这样就“天地合一”了。

此外，教师阅读时不要仅限于教育类著作，还要看其他高品位的著作，像美学、哲学、心理学、经济学等门类的著作都是必修读本。只要深读高层次的书，一段时间以后，你就能够从一个高的视角看教育，对教育的理解也会有所不同，你会发现，你看待人生、看待自己、看待生命的角度都已经不再是原来的层次。如果你只在教育的圈子内打转，就会形成匠气十足的思维模式。

四、生命感悟

我们做任何事情，都需要有专业知识，但是仅有专业方面的知识，没有自己的生命感悟，是没有多大力量的，而生命感悟恰恰和你在人生中经历的磨难联系在一起。古往今来的大师几乎没有一个不是经历过死里逃生的磨难的。但正是他们在面对苦难时保持正向思考，使他们最后超越了苦难，而苦难也由此化成他们生命中最肥沃的养料，成就了他们的人生，像孔子、苏格拉底等莫不如此。所以，孟子说：“舜发于畎亩之中，傅说举于版筑之间，胶鬲举于鱼盐之中，管夷吾举于士，孙叔敖举于海，百里奚举于市。故天将降大任于是人也，必先苦其心志，劳其筋骨，饿其体肤，空乏其身，行拂乱其所为，所以动心忍性，曾益其所不能。”意思是说，舜从田野之中被任用，傅说从筑墙工作中被举用，胶鬲从贩卖鱼盐的工作中被举用，管夷吾从狱官手里释放后被举用为相，孙叔敖从海边被举用进了朝廷，百里奚从市井中被举用登上了相位。所以上天要把重大责任降落在这样的人身上，一定要先使他的内心痛苦，使他的筋骨劳累，使他经受饥饿，以致肌肤消瘦，使他受贫困之苦，使他做的事颠倒错乱，总不如意，通过那些来使他的内心警觉，使他的性格坚定，增加他不具备的才能。这一“生于忧患，死于安乐”说，就符合大师成长的规律。

司马迁则在《史记》中说：“盖文王拘而演《周易》；仲尼厄而作《春秋》；屈原放逐，乃赋《离骚》；左丘失明，厥有《国语》；孙子膑脚，《兵法》修列；不韦迁蜀，世传《吕览》；韩非囚秦，《说难》《孤愤》；《诗》三百篇，大底圣贤发愤之所为作也。此人皆意有所郁结，不得通其道，故述往事，思来者。乃如左丘无目，孙子断足，终不可用，退而论书策，以舒其愤，思垂空文以自见。”这一段话的大体意思是，周文王被拘禁而演绎《周易》；孔子受困厄而作《春秋》；屈原被放逐，才写了《离骚》；左丘明丧失视力，才有《国语》；孙膑被截去膝盖骨，《孙膑兵法》才被撰写出来；吕不韦被贬谪到蜀地，后世才流传着《吕氏春秋》；韩非被囚禁在秦国，才写出《说难》《孤愤》；《诗经》三百篇，大抵都是一些圣贤抒发愤慨而写就的。这些人都是因为感情有压抑不解之处，又不能实现其理想，所以记述过去的事迹，使将来的人了解他的志向。就像左丘明丧失了视力，孙膑断了双脚，终生不能被人重用，便退隐著书立说，来抒发他们的怨愤，想留下文章来表露自己的本心。司马迁本人也是受了重刑从监牢中出来的人，在一般人看来，是无颜再活下去的。可是，为了完成《史记》的撰写任务，他忍辱负重，终成大事，鲁迅称《史记》为“史家之绝唱，无韵之离骚”。

陀思妥耶夫斯基的《卡拉马佐夫兄弟》这一名著的情节极为吸引人，可以说作者笔下的每一个人物都是思想者甚至是思想家。为什么他能写出这样的故事，刻画出这么鲜活的人物形象？这与他苦难的经历是分不开的。

当年陀思妥耶夫斯基被判了死刑，在刑场上，执行枪决的枪已经端起来了，他的头上蒙着一块白布，脑中一片空白，然而正在这个生死关头，沙皇发布一道命令，将其改判为流放西伯利亚。他在被流放西伯利亚的四年间，终日与一批强盗、犯人以及一些被冤枉的善良人生活在一起。他遇到的形形色色的人物以及所承受的苦难是常人无法想象的，所以他在写作的时候便自然地将这些人生磨难及其带给他的生命感悟融入自己的作品中。据说列夫·托尔斯泰在去世的前一天还读着《卡拉马佐夫兄弟》。

1994 年底，王崧舟老师得了一场大病。那场病来得很突然，几乎没有任何前兆。接着是死里逃生的一段煎熬与挣扎。出院那一刻，他说自己从来没有如此真切、如此强烈地感受到“世界很美，活着真好”这八个字的含义。他突然对自己的疾病充满了深深的感恩。可以这样说，这场大病以直刺骨髓的痛感将活着有何意义的问题抛向了毫无防备的他。他说，这不是一个用头脑去思辨的问题，这是一个只能用置身“实感”的生命去探寻的问题。在没有苦难当头的时候，回答这个问题易如反掌，却毫无意义；唯有在大难突降的生死关头，才能彻底明白活着的意义。在那一刻，王崧舟老师有一种终极关怀的觉醒，有一种与道同在的幸福与喜悦。而这种感悟，当与其教学联系在一起的时候，就形成了一种特殊的力量。

以上所谈到的大师与名师，几乎无一例外地遭受了常人难以想象的磨难，可是，正是这些磨难，才为他们积累了一大笔精神财富，才有了特殊的生命资本。这是一种潜在的“功夫”，是一个人走向成功的必要条件。

很多时候，作家要有感悟才能写出好的作品，读者也要有感悟才能读出作家要传达的想法，教师要有感悟才能成为名师。正因为有着不同的人生经历，才使得我们在解读作品时有不同的领悟，其实这是知识、经历、感悟共同作用的结果。

爱因斯坦不仅是一位伟大的科学家，也是一个有生命感悟的人，他最看不起的是那些空有知识的所谓专家。实际上，想成为专家很简单，你只要积累了很多某方面的知识，就是这方面的专家了。爱因斯坦认为纯有知识的“专家说到底就是一群训练有素的狗”，因为在他看来，只有知识不行，得有专属于个人的生命感悟才能让知识更加鲜活，更有生命力。所以教师在生活中遭遇磨难、遇到不公正的待遇时，不要灰心丧气、怨天尤人，要把这些经历化作自己生命成长的养分，勇敢面对并坦然接受生活的挑战，从而克服困难和挫折，让自己站得更高、看得更远。

第八讲

专注成就卓越

——用持之以恒敲开成功之门

比尔·盖茨说："成功的秘诀就是专注并勇往直前！无论你多么能干，唯有专注才能成就一流的事业。"教育何尝不是如此呢？综观那些学习成绩优异的学生，几乎个个都是专注力很强的孩子。所以，研究高效教学，不能不进行专注力研究。

那么，怎样才能提升学生的专注力呢？

一、曹云昌教授的专注力研究结硕果

曹云昌教授

中国教育学会专注力课题组组长、山东省教育学会专注力培养研究中心副理事长兼秘书长、中华儿童专注力研究协会会长曹云昌教授以专注的精神和不屈的毅力致力于专注力研究。自2005年起，他创办了“中华儿童专注力提升快乐营”，至今已举办35期，惠及全国50多个城市、上万名孩子及其家庭。

从2011年起，他在青岛、泰安、济南等几十个城市的上百所中小学、幼儿园进行了全面深入的课题实验研究，至今已归纳总结出专注力的理论依据，成功找到专注力培养的有效措施，初步形成了科学系统的专注力教养、教练、教学、教育和教化五大路径课程。

目前有上百所中小学、幼儿园已通过不同形式加入专注力课题研究，并取得了理想的效果。

“曹爷爷”与孩子们在金沙滩进行爬行训练

据青岛市黄岛区嘉陵江路第一小学的王丽蓉老师讲，她运用专注力课堂教学基本模式，课前不再要求学生进行硬性的朗读或练习，而是让学生做喜欢的触觉、视觉、听觉、记忆力等各种训练游戏，既拉近了师生间的距离，又迅速把学生的注意力拉回到课堂上来，还提升了学生的学习能力，巩固了学生所学的知识。

课上，当学生感到疲惫，专注力不集中时，她不再以完成教学任务为由继续讲课，而是换一种思维和方式，穿插一些专注力训练，使学生在短时间内不仅得到了休息，而且提高了学习兴趣，还在潜移默化中提高了学生的专注力。之后她将学科知识与专注力训练进行融合，使学生在轻松愉快地进行游戏时还掌握了知识。这样的课堂没有提醒、唠叨和训斥，备受学生喜欢。

青岛市经济技术开发区薛家岛小学则创造了专注力培养的奇迹。学校将一个年级（5个班）中纪律最差、专注力缺失最严重、学习最困难的40名学生组成新班级“专注力·英才班”，专注力课题组带领教师、家长和学生共同努力，一个学期后，该班学生的专注力水平和学习成绩竟然超越了其他班级，且举止文明礼貌，懂得感恩，积极向上，学习努力。家长、教师也和学生共同成长，体会到了前所未有的教育幸福感。

泰安迎春学校的翟学利老师即将退休的时候才认识了曹云昌教授，并愿意致力于专注力研究。而且他很快做了一个让大家意想不到的决定：“下届初一，我要当班主任！”

新生一入校，他就尝试着运用“爱和期待”“心理暗示”“仪式—意识”等专注力教育理念与方法对学生进行入学教育，并且制订了指导性较强的课堂规则和奖惩措施，将学生的思想、行为集中指向初中新生活。经全班学生讨论，他建立、健全了班级管理制度，制订了详尽的一日常规检测表，从而为学生的自主管理和自我教育提供了良好的平台。经过一年的锻炼，学生的自主管理能力得到了很大提升，班级风气、学习氛围得到学科教师的一致认可，学生的上进心和自信心明显增强，课堂上处处是文明的举止、自信的表达、专注的眼神、激烈的争论、新奇的想法、合作共赢的喜悦、谦让互助的感动等，原来连回答问题都不好意思举手的学生竟然发生了天翻地覆的变化！

有了高效的课堂，优异的成绩不求自得。他不但担任班主任，还教了5个班的思想品德课，并取得了好成绩。

翟学利老师说，专注力研究让他迎来了第二个青春，也让他有了美好而幸福的晚年。

青岛市黄岛区第七中学的张洪亮老师于2010年从青岛农业大学毕业，经过一年的努力考录成为一名教师。初出茅庐的他一心只想着催促学生学习，提高学生的学习成绩，他尝试了很多方法，然而学生的成绩和表现依然很不理想。

2013年是他人生中的一个重大转折点，他遇到了教育生命中的人生导师——曹云昌教授，而且，他担任班主任的班级还被曹云昌教授选为专注力实验班，由此，专注力课题组的专家及科研团队为他和学生开启了新的人生旅程。他带领学生、家长和学科教师齐头并进，不到一学期就收获了可喜的成绩。2015年，他所带的班再创佳绩，学生的各科考试成绩及各项考核指标全是第一，这个班还被评为"黄岛区先进班集体"，他的个人考核也是第一。

有人问及班级管理与学生成绩双丰收的原因时，张洪亮老师的脸上露出了喜悦的笑容。他说，在曹云昌教授的指导下，他已经探索出一系列专注力培养的班级团队管理的方略，总结出一套在课堂教学中训练学生专注力的有效方法。好的考试成绩只是副产品，有了专注力这个主产品，还怕副产品不好吗？

二、汪洋对女儿林曦的专注力的训练

我写过一本有关家庭教育及孩子成长的书——《非常父母》，其中所写的林曦（书中叫曦曦），我采访她的时候她只有13岁。

她是一个才女，2岁识字，4岁学书画，11岁参加高等教育（大学）汉语言文学自学考试。1996年8月，她应邀在法国举办首次个人画展；之后相继应邀在泰国、印度、尼泊尔等国家及香港、澳门等地区举办个人画展。她被海内外多家媒体誉为“东方文化小天使”。

林曦

现在的林曦已经是一位职业画家，还被梁冬做过7集《国学堂》的采访，成了一位很有影响力的名人。

回忆当时采访她与她妈妈汪洋的时候，我感到汪洋从小对林曦专注力的培养，对其后来的成长起到了不小的作用。

林曦刚刚6个月的时候，妈妈决定用摘棉丝的方法锻炼她的专注力与忍耐力，为其未来的发展奠定坚实的基础。

1998年春天作者前往重庆采访林曦

林曦与妈妈汪洋

妈妈在一张绒布上平稳地铺上一些棉丝，然后用拇指和食指轻轻地将一缕缕棉丝摘起。林曦学着妈妈的样子，也摘起一缕棉丝。妈妈微笑着鼓励她继续摘下去。林曦尽管口水顺嘴而下，小小的胖手不停地抖动着，还是认真地摘下去，而且越摘越熟练。

妈妈开始给她加码，上午铺一张，下午铺一张，林曦摘得既认真又仔细。此后，妈妈继续给她增加任务量，她依然神情专注，不急不躁地摘下去。

一天，妈妈一狠心，决定给她布置超量的任务，以此观察她有无超常的忍耐力与专注力。林曦刚刚摘完一张，妈妈就将第二张铺好，并让她马上摘下去。一气摘完10张之后，林曦圆圆的小脸上已满是汗水，嘴里也不由得发出“哼哼”的呻吟声。妈妈心疼女儿，但更想培养女儿的耐性，于是笑着鼓励她：“乖孩子，要忍耐，继续摘下去!”边说边一张又一张地铺下去。其间妈妈还时常晃一晃奶瓶，笑着告诉林曦，任务完成之后就可以喝上鲜奶。于是林曦笑了，异常专注地摘下去，一气摘了20张，超越了平时数量的两倍多！林曦喝着可口的牛奶，听着妈妈的表扬，那时她似乎明白了妈妈的心思。

以后，妈妈继续用这种方式培养林曦的耐性与专注力，最多的时候，她一次竟摘了80张。在紧张地摘棉丝期间，时间似乎凝固了，世界仿佛一片虚无，林曦心里想的、眼里看的、手里做的，全是摘棉丝。裤子尿湿了，大便拉出来了，林曦全然不知，依然一刻不停地摘着……

教育心理学研究告诉我们，当儿童专心注意某一事物时，一方面，在其意识中，极其鲜明与清晰地反映这一事物；另一方面，他的注意力也离开了其余的事物，在注意力高度集中的时候，甚至看不见或听不见周围发生的事情。林曦这种高度集中的注意力，为其以后学习新知打开了“门户”，也让她在努力完成任务后尝到了胜利的幸福与愉悦。

林曦8个月的时候，妈妈开始让她学解橡皮绳打的结。林曦笑嘻嘻地抓着妈妈的手，全神贯注地学习着。只用了半个小时，她便解开了。妈妈接着又给她打了5个结，她又一一解开了。然后妈妈又给她打10个结、20个结、30个结……她都紧张有序地解开了。这时候，她已经具有了一定的耐性，形成了专注做事的良好习惯。

林曦一岁多的时候，无论做任何事情，都可以专心致志地进行下去，而且一做便是两三个小时，一做便进入忘我的境界之中。

林曦两岁的时候，开始学习识字，不仅有耐性，而且有灵性，既学得认真，也学得快速，智商与能力明显高于一般孩子。

识了一些字后，妈妈便让她去读书，有时给她一本书，让她一遍又一遍地读。妈妈有意向她传递一个信息：新鲜有趣的事要做，单调枯燥的事也要做，真正的专注与耐心表现在各个方面。结果，林曦不管看何等兴味索然的书，不管看多少遍，都认真如初、专注如一。

正因如此，林曦养成了高度的耐性与专注力，具备了良好的心理素养。后来她做收集资料等比较枯燥单调的工作，也毫无厌倦感与急躁情绪，而且做得认真仔细，正确无误。练习画画和写字时，她常常累得汗湿衣衫，甚至贴上伤湿止痛膏，也持之以恒地练习下去。这种良好的意志品质，使她一次又一次地收获胜利的硕果。

由此观之，对孩子进行忍耐力与专注力的培养，有利于其注意力的集中性与稳定性的发展，有利于其形成良好的意志品质，从而使其终身受益。在这一教育过程中，孩子不但逐渐聪明起来，而且能够形成一种“战必胜”的健康心态。这种心态将伴随着人的一生，使其总是能够平静地面对各种困难与挫折，并在充满信心地与各种困难与挫折作战中享受愉悦。尤其是欲成大事者，更不可缺少这种良好的心理品质。

目前一些家长对孩子的溺爱已经步入一种可怕的教育误区，他们错失了培养孩子良好心理品质的机遇，不知不觉地在做着影响孩子健康发展的事情。看看林曦妈妈的教育思想和教育行为，年轻的爸爸妈妈是否也该认真反思一下呢？

附录

与教师互动

一、超越模式

问：现在很多进行教学改革的学校都构建了相应的教学模式，可是，有的时候，它也制约了教师创造性的发挥。不知您对这个问题有何见解？

答：确实如您所言，现在研究高效教学的学校大都构建了一定的模式，这是有一定道理的。因为模式本身有它的科学依据，的确可以使教学达到某种程度的高效。但是要注意，模式并不是一成不变的，尤其不要模式化。德国哲学家叔本华曾说："被记录在纸上的思想，不过是像沙上行走者的足迹而已，我们也许能看到他所走过的路径；如果我们想要知道他在路上看见些什么，则必须用我们自己的眼睛。"诚然，一所学校的教学模式肯定有最适合这所学校的道理，一个科目的模式也肯定有最适合这个科目的依据。但是，如果把模式固化，那就肯定会走进死胡同。教师们可以想一下，语文和英语用同一模式能行吗？语文和数学用同一模式能行吗？或许也行，但是效果肯定不一样。即使同是教语文，也不一定要用同一模式，比如，教议论文、说明文、记叙文能一样吗？肯定不能一样。议论文是以议论说理为主的，说明文是以说明事物为主的，记叙文是以写人叙事为主的。因为文本的形式与内容不一样，教学时所采用的模式也应当不同。同时，每一位教师的个性不同、知识背景不同，当然也要根据自己的特色有所超越。即使同一位教师，随着教育教学水平的提升，也不能在同一个基点上徘徊，而应当不断地超越，从而抵达更高的境界。

教师的教学个性与文化积淀不一样，学生的基础不一样，若非要用同一模式进行教学，往往达不到理想的效果。某所学校某位教师形成的教学模式，自有其道理在。不过，随着教师与学生的发展，教学模式也在变化。如于漪等著名特级教师，则没有模式，他们以其厚重的文化积淀与对不同文本的独特诠释，形成了千变万化的真正意义上的“因材施教”的教学景观。

山东省聊城市实验中学是一所办得非常好的初级中学，他们在研究课堂高效教学的时候，提倡教师不用一种固定的模式去教学，而让每一位教师把自己的长处发挥出来，借助学校的优质资源或某些教学模式形成独特的教学风格。李志猛校长说：“模式只是拐棍，有模式是为了最终没有模式，只有教学风格而没有固定的教学模式。”所以，该校的各学科都有各学科的特点，每个人也都有每个人的风格。比如，政治学科的“真实学习”、语文学科的“七彩阅读”、物理学科的“一三五模式”、数学学科的“师生双主体”、英语学科的“本色教学”等。

在学术上主张“百花齐放，百家争鸣”，在教学上也应当如此。正是因为不一样，才有了个性，才有了不同个性教师的不同追求，才有了“各领风骚”的美丽。其实，每位优秀教师都有其独特的创造力。创造力是一种能力、一种个性品质，更是一种人格境界。高效教学所彰显出的教师个性与教学风格，体现的是其思想认识与生命样态的多样化；高效教学作为师生共度的生命历程，激励的是学生的内在表达与深度构建，有助于实现知识意义与个性品质的双重成长；高效教学不仅能促进学习方式的不断变革，更能让课堂充满生命气息，提升学生的认识深度与思想深度。因此，教师要做的就是为学生创造力的勃发创造所有的可能，并为构建真正的学习共同体不懈努力。

二、明确目标

问：陶老师，去年您给我们上课的老师评课时曾谈到课堂教学的目标定位问题，而且说它对提高教学效率至关重要。您是否可以在这里再为大家解说一下？

答：当然可以。我们的教学很多时候是没有目标的、盲目的，结果造成教学效率极其低下，甚至产生负效益。比如，我现在在济南，要到北京去，却非要往南走，围绕地球转一圈才到了北京，那不是南辕北辙，徒然浪费时间吗？所以做任何事都要有一个目标，有了目标，才知道该怎么走。教学更是如此，教师的头脑里面一定要有一个明确的目标，这样才能有的放矢。同时，这个目标不能仅仅是一节课的小目标，还要有大目标。什么是大目标？比如，语文教师讲《将相和》这一篇课文，首先要了解这一册教材的总体目标。确定总体目标以后，才能将其分解到每一单元，再将每一单元的目标分解到每一天，这样就可以从更广的视野、更高的角度来看这篇课文了。有的人只是教一课算一课，教到最后也不知道这一学期究竟完成了多少任务，达到了什么教学目标。

山东省乐陵市实验小学的“周目标导航”对提高教学效率就起到了很大的作用。李升勇校长说，所谓“周目标导航”，就是依据新课标，将学期教学的主体内容科学地分解到周，在教师的引领下，学生积极主动学习的一种教学方式。这样既能使教学目标明确，有的放矢，又能形成一定的知识链，从而在师生中构建一种完整的教学体系。周目标就是变线为面，一个周目标就是一个小方块，最后一块块相加，就拼接成新课标的全面要求。周目标是师本课程和生本课程的具体体现，是国家课程标准软化、细化和活化的结果。现在与过去不同的是，在实施周目标之前，教师对课程标准和教材体系有了全面的理解和把握，这样就避免了教师“只见树木，不见森林”的问题。

“周目标导航”不仅使教师心中有了目标，还使学生心中有了目标。传统意义上的教学中，大都是教师设定教学目标，而且多是秘而不宣。乐陵市实验小学的师生对周目标都清清楚楚，而且都找到了实现这一目标的路径。没有目标，就会无的放矢；没有路径，就会多走弯路。相对于只盯着单篇课文的教学而言，“周目标导航”已经是从树木走向了森林；而相对于课程标准与教材体系而言，周目标又成了这森林中的一片树林。从森林和树林中走出来的师生，就有了全局意识，有了俯视的眼光，学习起单篇课文来，就会从容轻松得多了。

比如，为识字阅读提速。小学阶段要求学生认识2500个常用汉字，我们计划用5个学期完成，先把这2500个字分解落实到每一个学期，然后再分解到每一周。我们要求学生在小学阶段掌握1600个成语，于是就把它们分解到10个学期完成。其他校本课程皆是如此。周目标是师本课程和生本课程的操作性内容，是学生自主性学习的纲领性文件，它为分层教学提供了必要的物质基础。

明确目标后，还有一个应当注意的问题，那就是要有核心内容、解构方式与时间安排。要完成某个目标，就要寻找到其中的核心内容，进行“重点突破”，甚至可以“一课一得”，最好不要“全面出击”。1985年，我到华东师范大学第一附属中学采访陆继椿老师的时候，从这位“得得派”那里得到了很大的启示。

陆继椿老师

下面是关于他教学的一个片段——

1980年春，上海市虹口区成立了中学语文教学研究会，需要陆继椿上一次体现教改精神的课，以引起大家的思考和议论，打破全区教学中的沉闷空气。

这是陆继椿在教改实践中推行“分类集中分阶段进行语言训练”（以下简称“双分”）教学体系之后第一次在全区上公开课，他预感到会有一场“冲突”。

就在前几天，便有一些教师关照过他：“要下大功夫备课，做好充分的准备！”

“我绝不比平时多花1分钟备课。”他说得坦率而平静。

“为什么？”

“公开课是让大家共同研究探讨的课，应该是家常便饭、日常营养。如果把上公开课当成摆筵席、搞排场、图热闹，那就不真实了，失去研究的价值了，这样的公开课我是不上的！”

“你呀，真是死脑筋！”

陆继椿笑笑，用无声的语言来坚持自己的观点。

又有“好心人”来提醒：“小陆，公开课首先要符合听课老师的口味，要从他们的角度去备课。”

"这……"陆继椿大惑不解。

"他们听了说不好，你的课就'砸锅'了！"

"可我教的是我的学生，讲究的是语言训练的实效，并不是给听课的人做表演啊！"

"你……"提醒的人深感遗憾地走了。

陆继椿感激这些同志的关心，但他不能改变自己要走的路。

课上教的是《多收了三五斗》，教学方法是他大胆独创并坚持实践着的"得得法"。

根据陆继椿的教学安排，通过这篇课文的教学，要完成"一个场面中的群像描写"的训练。这是在完成了单个人物的描写训练之后的一个新的训练点。第一课时是指导学生预习整篇课文，以对范例的具体语言环境先有一个综合的印象，并为深入钻研范例做好准备。这已在公开课前进行完毕。

第二、第三课时，也就是公开课的第一、第二节，教学便进行到钻研范例的单项训练阶段，要求学生在综合体上解剖范例，把指导阅读与指导写作统一起来，为第三阶段的写作综合训练奠定基础。但是，这一教学过程脱离了传统教学的轨道与人们固有的思维惯性，因此，也自然就掀起了一场不大不小的风波。

第一节课的教学取例是群像外貌描写，陆继椿紧紧围绕着训练点的要求同学生一道分析研究。

刚刚下课，就有人议论："也不过教了'几顶旧毡帽'而已。"

陆继椿听到了，和善地笑笑，又继续上第二节课。

第二节课的教学取例是对话层次，旨在通过这一训练让学生把握多层次对话的具体写法。

但又有人窃窃私语："让学生理解叶圣陶的著名小说，除了旧毡帽外，就剩了几句对话，支离破碎，不成系统。"

"他大概没认真备课吧，要么就是没吃透教材！"

早在意料之中，陆继椿心里极为平静。

下课了，正当陆继椿安然地走出教室时，一位青年教师拦住了他：“你是否意识到这样讲是肢解了课文内容？”

“没有。”

顷刻间，许多人围了过来。

“能讲出道理来吗？”

“能！”陆继椿十分自信地说，“大家认为这种教法肢解了课文内容，主要是我没有将自己的改革尝试交代清楚。其一，我的教学不求面面俱到，而求目的单一。课文只是作为例子，“任凭弱水三千，我只取一瓢饮”，这样，主攻方向明确，才能使学生集中思维的优势，以加深印象。其二，我教的学生对单一的对话与单人的肖像描写已经基本把握，而面对多层次的对话与群像描写则难以动笔，我的主攻方向就放在他们认为难的点上，这样，学生学习自己未知的内容，‘一课有一得’，就产生了兴趣与新鲜感，有了主动探求的愿望……”

“还有吗？”拦住他的青年教师也产生了兴趣。

“有！”陆继椿胸有成竹地说，“其三，我的系统性不重在一篇课文上，而在环环相扣、密切相关的108个训练点上。我的取例之所以有价值，是因为它在整个训练系统中有价值，这也是我所提出并实践着的‘得得相联系’的教学思想。”

“真是名副其实的‘得得派’！”有人脱口赞叹道。

“还有，”陆继椿又说，“即便从一课出发，教师不讲的东西学生未必就不理解，他们完全有能力自己去学习。唯恐有遗漏而将课文内容全部讲给学生听，不会给学生留下多深的印象，也熄灭了他们自主探索的火花！”

“不过，”又有人提出了疑问，“语文水平的提高，靠的是多读多练，潜移默化。你主张‘一课一得’，立竿见影，是不是有些心急？”

“我是有些心急，总想尽快将学生的知识转化为能力。”陆继椿坦率而自然地说，“我之所以提出‘一课一得’的主张，是因为考虑到每学一课之后，学生的思维正处在兴奋点上，这正是形成转化的最佳时期。如果时间一过，兴奋减弱或消失，便失去了这个良机。课课有所得，让学生看到了学习的效果，他们学习的主动性与积极性便会高涨起来。所谓潜移默化，实质上是立竿见影的积累。我把所有的训练点分为记叙能力、文言文阅读能力、说明能力、论述能力与文学作品赏析能力五大类，每种能力训练再分成若干训练阶段，每个训练阶段又分成若干训练单元，最后，落实到训练的基本项目——训练点上。初中‘双分’体系教学，共有108个由浅入深、由简单到复杂、由形象到抽象且逐步循环的训练点。这108个训练点都可以立竿见影。如此一来，久而久之，从量变到质变，也就达到了你所说的潜移默化的作用了。同时，也就有了‘一课有一得，得得相联系’的教学的‘序’了。”

众人无不惊讶、叹服、钦佩！

但更多的人没有听到陆继椿的“自白”，对他的教学方式并不理解。然而，他已无暇多顾了，他要去完成教学进程的第三个阶段了。

第三个阶段是指导学生读写的综合训练，这是学生把学习所得转化为智能的一环，也是训练效果的反映与检查的阶段。

效果如何？有人在悄悄地检测——

当时上海教育学院中文系的老师正带着学生在华东师范大学第一附属中学实习，他们分头到陆继椿教的班级去深入地进行了解调查，惊讶地发现：陆继椿没有讲授的内容，学生自己学懂了，他们已经具备了综合理解的能力。翻开学生的作文，生动的群像描写、条理清楚的多层次对话，组成一篇篇妙趣横生而又井然有序的文章。潘琴同学的习作《教师办公室里的议论》后来还发表在了《作文通讯》上呢！

实习的师生从实践中对陆继椿的这一课给予了充分的肯定！

此后，《山西教育》登载了他整理的《多收了三五斗》的教案，《语文战线》发表了他写的《我教〈多收了三五斗〉》，在全国语文教学界引起了强烈反响。

但是，当时提级时，学校报了陆继椿，却没有被批准。

有人半开玩笑地说："小陆教了《多收了三五斗》，自己却少收了三五斗。"

陆继椿认真地解释说："这个责任不在虹口区教育局，他们始终支持我的教学改革。是我当时没讲清具体情况，酿成了这个结局。再说，能不能提级是件小事，我考虑的是大事，是事业。"他只知道在教学改革上执着地追求，哪里有时间去想提级的事儿呢？

不过，上天是公平的，后来，他被评为上海市优秀人民教师、上海市劳动模范、首届全国五一劳动奖章获得者、全国优秀教育工作者、全国教育系统劳动模范和优秀中学语文教师，并被授予人民教师奖章。他运用先锁定目标而后讲课的方法，虽然是"一课有一得"，却是"得得相联系"，由他创建的"双分"教学体系，研究的问题遍及语文教学各个领域，以他为代表的"得得派"成为在全国颇具影响力的语文教学流派之一。

三、课程文化

问：陶老师，我听您做《文化建设：学校魂兮所系》报告的时候，对您谈的课程文化很感兴趣。那么，研究高效教学，也不能不关注课程文化。在这里，您能否就这个问题谈谈看法？

答：为什么谈课程文化？这与制度文化一样，如果仅仅是设立课程，然而学生对课程设置的意义一点儿也不了解，对内容也没有基本的认同，这样的课程还不能被称为课程文化。什么是文化？就是可以深入每一个人心里的东西。进行课程研究，无论是自己的课程设计，还是学校的课程设计，都要把课程的文化性作为终极目标。教师和学生不仅是课程的使用者，还是课程的设计者、编辑者、修正者、创造者，有时候，课程开发还会扩展到家庭与社会。另外，要把国家课程校本化，把地方课程校本化。在这个过程中，形成一种群体的思维共识，这才是课程文化。

菏泽一中校长王可正

山东省菏泽第一中学（以下简称菏泽一中）在课程资源扩展方面就下了很大的功夫。因为新课程的实施对教育资源的扩展提出了更高的要求，若单靠学校的课程资源，就显得势单力薄、力不从心。而且，现代教育强调的是家庭、社会和学校有机结合，形成全方位的教育环境。为此，学校建立了家庭、社区、学校共建制度，为课程资源的扩展提供了条件；成立了学校、年级、班级三级家长委员会，引导家长参与到学校教育中来，让家长从学校教育的观望者转变为参与者。学校不但让家长委员会监督并参与学校的管理与教学，而且通过家长委员会聘请有特长的学生家长到校开设校本课程，担任研究性学习、社会实践活动、艺术等课程的指导教师，家长们的参与热情很高。家长委员会自发创办了《家长导报》，建立了家庭和学校之间沟通的桥梁，还联系了一些社会名人到校开设讲座。2010 年 4 月，家长委员会联系了菏泽市牡丹区人民法院，请来法院相关人员在学校进行了现场法庭审判，使学生深受教育。学校还和社区开展了共建活动，建立了国电菏泽电厂、山东玉皇化工（集团）有限公司等十几个行业的实践基地以及以农村学生所属村庄为单位的农村生活实践基地。此外，为弥补师资不足的缺陷，学校聘请地方书画、曲艺、工艺等方面的名家到校担任客座讲师，开设特色课程，还与地方高等院校建立长期合作机制，聘请优秀本科生和研究生到校顶岗实习，担任艺术、体育、技术、研究性学习等课程的指导教师。这些举措在一定程度上扩展了教育资源，将家庭教育、社会教育纳入了学校教育的范畴。

家长是一支最贴心的校外师资队伍，利用好这支队伍，很多学校内部解决不了的师资问题都可以迎刃而解。同时，家长在走进校园进行教学的时候，会对学校了解得更深入，并对新开设的课程产生特殊的感情。一方面，他们会竭尽全力地教学；另一方面，他们在研究这些课程的时候，也会增强对学校课程体系的认识，进而了解学校全力推进素质教育的要义。这样，他们就会更加支持自己的孩子学好这些非高考类课程，就会在社会上更好地宣传菏泽一中，从而提升学校的美誉度。

家长最可利用的资源之一就是他们的社交圈，这个圈里有着更加丰富的师资资源，几乎可以满足非高考类学科的所有师资要求。古人说："功夫在诗外。"学习非高考类课程，可以提高高考课程的成绩，这是"诗外功夫"；而由学校之外的人执教，也是一种"诗外功夫"，由于他们的身份更加多元、经历更为丰富、思路相对开阔，这些都会通过教学于无形中辐射出来，形成一种强大的精神力量，使学生从中受益。

四、身体健康

问：目前，不少教师和学生的身体素质比较差。请问，身体健康与您所谈的高效教学有没有一定的关系？

答：不仅有关系，而且关系非常大。为什么这么说？试想一下，一个连身体都不健康的人，工作起来能高效吗？如果一个学生天天生病，连基本的学习都无法保证，又何谈高效？而且身体上任何一处的不适感都会或多或少地影响情绪，容易引发心理问题，那么就更无法高效了。所以我一直主张，真正的高效教学，一定要增加学生锻炼和休息的时间。

在这一点上，四川省蒲江中学实验学校校长王祥高就做得很好。连年来，该校教学质量在全县一直遥遥领先，2008 年省重点中学在蒲江县共招收 100 名学生，该校就考进 98 人。该校各年级期末考试的总平均分比排名第二的学校竟然高出 120 多分。

那么，是不是这所学校“加班加点”？是不是学生的负担特别重呢？

当记者提出这个问题的时候，很多老师都笑了。他们说，他们从来没有用课余时间给学生补过一次课，学生并没有什么过重的负担。特别是从 2005 年 9 月开始，王祥高校长向老师们下了一道“死”命令——周六、周日一律不补课，将学生的时间全部还给学生。当时有的老师也在私下里议论：这样下去，学校的考试第一名还能保持得住吗？可看看王祥高校长，仍然是一脸轻松的样子。结果，在全县期末考试中，该校又是遥遥领先。

身体健康是一个人的生命本钱，很多学校却为了中考和高考忽视甚至危害学生的身体健康。王祥高校长认为，一位真正有人文精神的校长，不会不关注学生的身体。所以，他明确规定，每天下午放学前的最后一个小时，所有学生必须到操场参加体育俱乐部活动，而且严格考勤。俱乐部里有各种各样的兴趣小组，而且都有教师辅导，但是绝对不允许辅导文化课。如果学生不愿意参加兴趣小组，也可以去操场上锻炼，但条件是必须至少跑 800 米。

有了这一个小时的锻炼，学生的精神状态越来越好，身体也越来越健康。那些试图通过“加班加点”来提升学生考试成绩的学校却忽略了这一点：没有健康做保障的学习，效率是低下的。而王祥高校长关注学生的身体素质，学生的学习效率也大大提高，优异的成绩也就不求自得了。

我有一个朋友，是一位记者。他跟我说：“陶老师，我没法跟您比。”我问：“为什么这么说?”他说：“我身体不行，写一篇稿子就累得受不了，可是您连续写也不累。”他说的是事实。我每天写几千字甚至上万字，却没有特别累的感觉。因为我一直坚持锻炼，在济南，我早晨爬山一个半小时，中午爬山一个小时，晚上散步一个小时，每天将三个半小时的时间用于运动和接触大自然。正是这几个小时的锻炼，在强健身体的同时让我的大脑得到了充分的休息，工作时便更加高效，能够迅速并全身心地进入状态。这是一种良性循环。

身心是互相作用的。身体不舒服，会引发心理疲劳和负面情绪。当然，在生活中，谁都难免产生这样或那样的不良情绪，但是我们要善于控制和调节，及时地释放和消除，从而使我们免受或少受不良情绪的刺激和危害。

试想，如果一个人常常处于身体轻盈、精神安适、心理和谐的状态，是不是疾病就不会来找他了？正如《黄帝内经》中所说的：“恬淡虚无，真气从之；精神内守，病安从来。”

所以，我们一定要明白，正确的观念、平和的心态更能保证人们的健康。因为有了正确的观念和平和的心态，我们就会做出正确的决定，就会采取正确的行动，这样就可以预防许多疾病的

2006 年 7 月作者游川西

发生。总之，我们只有身心健康，做起事来才能取得更佳的效果，甚至事半功倍。

五、入道审美

问：陶老师，您写了这么多的文章，而且写起来很轻松，甚至进入了如您所说的“入道审美”的境界了。请问，我们为什么就达不到这种境界？如何才能抵达这种境界？

答：无论做事还是做人，终极目的都是为了让我们的人生更加幸福，让自己的内心更加充盈丰实，让我们的人生充满真善美。为什么很多人抵达不了生命的更高层次呢？为什么无法进入游刃有余的生命境界呢？原因当然非止一端，只在技术层面行走，进入不了道，当是一个重要原因。《周易》上有一句话说得很好：“形而上者谓之道，形而下者谓之器。”孔子说：“君子不器。”最高的境界是入道。抓住了道，也就抓住了事物的根本；抓住了根本，也就有了真善美的人生。

有很多人认为写作是一件苦差事，在写作的过程中感到很痛苦。这个过程我也经历过，但是我现在不是这种精神状态了，只

作者为高中生签名

要一写作，我心里就有一种难以言表的愉悦感。为什么？因为写作对我来说是一种享受，能使我内心丰盈。可以这样说，如果进入了道，就有了审美意义，就有了特殊的生命景观。

既然说到“道”，我们看看古代的圣贤是怎么谈“道”的。所有事物的源头都是相通的，是圆融的，因为“知其一，万事毕”。

老子的《道德经》开篇就谈：“道可道，非常道；名可名，非常名。”而且他还说：“道生一，一生二，二生三，三生万物。”“道可道，非常道”，大道是无法用语言表述出来的，说出来的道就不是大道了。我觉得老子所说的道是运行于宇宙万物之间的、我们看不见摸不着的一个生命规则，这个生命规则存在于一切事物之中。正如《周易》中所说：“一阴一阳之谓道。继之者善也，成之者性也。仁者见之谓之仁，知者见之谓之知，百姓日用而不知，故君子之道鲜矣。”关于道，我们知道得太少了，但它是确确实实存在的。宇宙万物虽然神秘莫测，但是有内在的生命规则。如果不遵循生命规则，就会受到惩罚。

写作就是用文字把思想记录下来，而文字是有生命的，有生命就有气数。文字是最直接呈现作者思想状态和心像的“心电图”。好的文章能够流芳百世，像先秦时期诸子百家的文章与清朝的《红楼梦》等；而不好的文章气数就很短，可能一两年甚至更短的时间就销声匿迹了。

所以，写作最高的境界是道，是无形的。当然所用的技巧也在里面，但是你感觉不到技术的操作，而且沉浸于身心愉悦的写作之中。在写作的过程中，并没有特意采用某种技法，但是技术蕴含于其中。开始写作的时候，不可能不需要技术，否则就没有后来的道。道和术是相互融合、不可分离的，脱离了道的术限制了境界的提升，没有术的道难免沦为空谈。

写作不也是这样吗？抵达写作最高境界的人，很少考虑写作的形式，也很少思考用什么样的修辞手法使文章更加出彩，因为技术已经悄无声息地融进道里面了。不过，正如庖丁解牛一样，其游刃有余、出神入化的技艺背后，其实凝聚着一种叫“功夫”的能量。也就是说，开始的用功与努力是必需的，要想入道，往往是要经历一个过程的。正如王国维在《人间词话》中所说：“古今之成大事业、大学问者，必经过三种之境界。‘昨夜西风凋碧树。独上高楼，望尽天涯路。’此第一境也。‘衣带渐宽终不悔，为伊消得人憔悴。’此第二境也。‘众里寻他千百度，蓦然回首，那人却在灯火阑珊处。’此第三境也。”写作何尝不是如此？没有第一境界与第二境界的磨砺，是不可能步入第三境界的。到了第三境界，也就入道了，写作的时候，兴之所至，心之所想，便可以自然形成文字，而且多有思想与文化的内涵。

那么，有的人写作为什么无法入道呢？因为“离经叛道”了。为什么说“离经叛道”呢？因为疏离了经典，背道而驰了，所以就入不了道。要想入道，就要先看道、读道、背道及悟道。但是，我们现在很少有人真正关注自己内在的精神需求，往往只是因为需要查阅某方面资料等才去阅读。这并不是说看专业的书没有必要，而是说更重要的是“功夫在诗外”。不少人说自己在读书，但是从真正意义上来说，他们读的是没有思想文化品位的文化垃圾，可以说读的不是书。大家都知道吃垃圾食品对人的身体健康没有好处，读书也是这样，文化垃圾不但不会对我们内在的精神起到滋养的作用，反而有碍于生命的成长。

经典文化则不然，它是经过时光冲洗却仍然定格在有思想、有文化的人的心里的精神产品，对人的生命成长起着持久的作用。我的外孙女轩轩背诵了很多经典，像《道德经》《论语》《大学》《中庸》《离骚》《诗经》等，这就等于在她的心里播下了经典文化的种子，虽然对她现在的学习成绩未必起到立竿见影的作用，但对她未来的生命成长会产生很大的影响。

现在，很多人或上网打游戏，或读没有品位的书，内心浮躁，追名逐利，这就是写作不能入道的第二个原因。

当今社会浮躁之风盛行，功利之心蔓延，所以，有些人的心灵便喧嚣起来了，在这种精神状态下，休说写出好的作品来，什么事也不可能干好。我们的心就像一个湖面，如果湖面不是平静的，那么看什么都是模糊的。心理学家曾说过，一个人一天中百分之九十五的念头是没有用的，我们的很多能量就消耗在这些无用的念头中，什么事情也做不了。所以说写作的时候，心灵必须安宁。如果心里很乱，甚至怒气冲天，当然是不可能写出好的作品来的。

一位熟人对我说，他的作品都是晚上写出来的，原因是白天心比较乱，静不下来。我对他说，我的作品都是白天写出来的，只要心静了，外界所有的喧嚣都不会扰乱你。关键是不能浮躁，不能有太多的名利心。老子说："轻则失根，躁则失君。"人一旦变得浮躁，不但不会写出好的作品来，甚至会失去生命之本。

写作无法入道的第三个原因是对语言进行了过多的雕琢。女人之美在于自然，虽不施粉黛，却看着舒心养眼，浓妆艳抹反而给人一种做作的感觉。语言的美也在于自然，质朴无华，像山涧的溪水一样，叮咚作响，给人以天然的美感。如果刻意雕琢，堆砌辞藻，那就失去了语言的本质美，就让人读起来感到不舒服，反而觉得一点儿也不美了。道的要义在于真实自然。背道而驰，当然就不可能走进审美的境界了。

写作无法入道的第四个原因是没有将感情注入写作之中。刘勰说："夫缀文者情动而辞发。"有了情，写出的作品才能打动人。可是，现在有的作品中的感情是虚假的，不但不能让读者为之感动，反而让人生厌。

1998 年全国高考作文题目有两个：一个是"坚韧——我追求的品格"，一个是"战胜脆弱"。试题提供了下面的材料——

现今中学生的心理承受力差异较大，有的像鸡蛋壳那样脆弱，有的却很坚韧。那么你是怎样的呢？从后面两个题目中，选择一个适合你的情况的题目，举出实例，写一篇关于表现你自己的心理承受力的文章。

有位老教师去批高考作文试卷，正好批到了自己儿子的试卷，一看内文，第一句竟是这样写的："我的父亲已经死了整整六年，我和我的母亲相依为命……"这位教师本来就有心脏病、高血压，一气之下就晕倒了，好在被及时抢救过来。他从医院回到家里的第一件事就是跟他儿子算账："你这个混账东西，我活得好好的，你怎么说我死了六年了？你差点儿真把我气死了!"他儿子却不服气："爸爸，你看这个作文题目是什么？'坚韧——我追求的品格'。我得编你死了，我和我母亲过得多艰难，这样才能说明我坚强啊!"这个考生没有任何这方面的生活经历，也没有因为父亲去世而悲痛，他能写出真情实感来吗？当然不能。

学生作文如此，是不是其他人的作品中就不缺失真情实感了呢？不是的。我近几年读一些作品，往往看了一两页就搁置下来了，因为文中流淌的感情是虚假的。不管其如此渲染，假的就是真不了，就是不能打动读者的心，读者当然也就不喜欢了。一部好的作品一定会注入作者的真实情感，只有生命和灵魂在场的作品才能打动人。

生活体验贫乏也是写作无法入道的原因之一。作品是生活的映照，没有生活体验，就写不好的作品。可是，现在有的人没有生活体验，却要硬编出生活体验来，写的时候，自然也就写不好了。莫言如果小时候在家乡高密没有经历生活磨难，是很难写出如此好的作品的。正是这些丰富的生活经历，成了其一生的精神财富，并有了写出好作品的源源不断的写作素材。

有的作品尽管问世了，可是，由于作者没有丰富的人生阅历，所写的内容是没有生命根基的，是自己凭空编造出来的。他们也许认为读者不知其详，甚至认为自己很高明。可是，聪明反被聪明误，几乎所有的读者都有一双“火眼金睛”，都会摒弃虚假的作品。

由此看来，写作是有道可循的，如果“离经叛道”，非但不可能写出经典作品来，甚至要想写出一般的作品来也难乎其难。

怎样才能使写作变成一种审美的自觉和审美的追求呢？

首先是“止于至善”。真正的大师之所以能够抵达写作的至高境界，有一个必要条件就是做人也一定是做到了极致。古人不但主张立言、立功，还主张立德。因为言为心声，没有心之德，就不可能有美之言。如果一个人品格低下，写作的时候即使百般掩盖，其不良的思想也必然会流露在作品中。相反，一个人如果有高尚的人格，在写作的时候，也会在不经意间将其融入文字之中。所以，不朽之作中不但闪现着智慧的光华，也多彰显着人格的魅力。看来，真想写出经典作品来，首先就要做好人。有了“止于至善”之德，再加上一定的生活实践与文学造诣，好的作品就自然写出来了。

其次是要为自己的心灵定位。心灵浮躁的人既不可能好好地读书，也不会写出好的作品来。所以，写作的时候，一定要定心。不管外面多么喧嚣，外界事物多么具有诱惑力，都要将心灵安顿下来。

很多人问我：“陶老师，您写了这么多的文章，都是什么时候写的啊?”我仔细回想了一下，我在山东教育社当总编辑时，工作非常忙，可是，我不但要读书，每个月还要至少发表一到两万字的文章。现在就更多了，一个月至少发表五六万字的文章是再正常不过的事了。那么，我是在什么地方写，在什么时候写呢？更多是白天在办公室里写的，这种环境乱不乱？在一般人看来，当然是乱的。有的时候，人来人往，还要接听一些电话。可是，我的心里一点儿也不乱，一点儿也不急。人来了，就接待；电话来了，就接听；人走了，接完电话，便继续写作。而且，还有一些文章，特别是游记散文，是我在宾馆里、火车上、飞机上、轮船上写成的。在一般人看来，纷乱的地方是不适宜于写作的。可是，我不这样想，心定了，就几乎听不到外界的声音了，即使听到了，心里依然是安定的。所以，我的写作一点儿也没有受到外界的干扰。现在我已有将近30本著作问世，可是，如果有人了解我的工作现状，就会感到不可思议了。因为近几年来，我每月至少要出差半个多月，去听读、评课、讲课、采访、开会等，只有不到半个月的时间在办公室里，而且我担任着《创新教育》杂志的执行主编，要按时出版刊物，并要保证质量。如果不是心静，如果不是在一般人看来不可能写作的地方照样写作，我是绝对不可能写出这么多的作品的。

我等小辈尚能收获这些小的果实。大师呢？当然是大获丰收了。如果没有宁静致远的心境，绝对是不可能不断地收获丰收的果实的。

所以，要想写出好作品，多出作品，就要在工作之余、节假休息之时，驶进一个宁静的心灵港湾，忘却繁乱纷争。功利之心淡失，浮躁之气远遁，唯有将自己融入宇宙自然和人文风景的洒脱与飘逸、从容与愉悦之中，才能享受写作的审美快感。

再次是要多读、多背诵经典。因为这些文本中蕴含着丰富的思想内涵，有着千古不衰的启示意义；同时，不同的经典作品尽管语言风格不同，却都有各自的美妙。读得多了，就会拥有厚重的思想，写作的时候，文中也就有了一定的生命张力，也就有了属于自己的语言风格。大凡真正意义上的作家，几乎没有一个不是从“天书”中汲取生命精华的。比如，先秦时期只有《诗经》《尚书》《礼记》《周易》《春秋》等少量书籍而已，一个人不用太长的时间就可以将这些书读完。可是，因其都是“天书”，从内容到形式都极好，只要多读就一定大有收获，这是真正意义上的开卷有益啊！所以，就有了诸如老子、孔子、孟子、庄子、荀子、韩非子等思想家与文学家。这种壮观的文化现象告诉我们一个道理：“天书”中有思想，有智慧，有文采，从中取其要义，则可以生成一种巨大的生命能量。虽然现在的书很多，一天出的书我们甚至用一辈子都读不完，可是，这些书的质量有高有低、有优有劣，稍不小心，就有可能读了没有品位的书，甚至读了品质低劣的书。所以，不但不能开卷有益，反而开卷有害了。由此看来，“天书”才是我们生命的滋养品啊！

最后，还要有丰富的生命实践，要接地气。现在一些高等学府中的文学博士、博士生导师等，虽然读了很多书，甚至还背诵了不少经典，可是，其作品并不太多，也不太好，流传千古者“几希矣”。究其原因，就是他们没有生活实践啊！

孔子为什么成了世界上公认的大思想家与大教育家？除了研读经典之外，他还有丰富的生命实践，特别是在周游列国 14 年期间，几经磨难，甚至有生命之忧。同时，他的教学不是谈玄论道，而是直指现实生活。他与弟子的对话几乎无一例外地紧接地气。所以，有的研究者认为，孔子不是思辨哲学家，而是实践哲学家。这是有一定道理的。正是因为孔子终生立足于实践，所以才有了承载万物的厚重，才有了生命的思考，有了以与弟子对话为主体的“其言也，约而达”的《论语》，才有了“至圣”的美誉。

如此坚持下去，尽管当下未必就能成为真正的作家，可是，只要天天如此，月月如此，年年如此，终有一天会写出有影响力的作品来。

当一个人遭遇磨难时，不要灰心丧气，不要觉得世界一片灰暗，而要勇于正视现实，并将生命的磨砺当作人生的宝贵财富。同时，要尽可能地超脱，从自己的经历中跳出来，站在一个比较高的视角上看这份经历，并将其作为自己成长的一次机遇。这样，就会发现这些在一般人看来几乎难以忍受的苦难，竟然成了一份多少财富也换不来的精神馈赠。上天是公平的，当让你经受巨大磨难之后，往往会送给你一份特殊的惊喜。

我高考时分数很高，比重点大学的录取分数线还高，但因为“政审”问题，非但重点大学与我无缘，就是一般的本科学校也不愿意录取我，最后我才被济宁师范专科学校补招。我接受了这个现实，并从此一直努力地学习。

由于出身卑微，我经历了太多苦难，所以，不管取得多么骄人的成绩，不管获得多么热烈的称颂，我的心灵深处都有一个声音徘徊不去——我当过农民，甚至连一般的农民的权利都被剥夺过。所以，我永远不会得意忘形，甚至成就越高，越是严格要求自己。在一般人看来，我甚至过于谦虚，但是，我又感到本该如此。因为我心中有一个“吾少也贱”的情结，我愿意以内心的谦卑来对待每一个面对我的人。在我的心里，人无高下，灵魂皆高贵，“三人行，必有我师焉”。

正因如此，我写作的时候，这些思想也不自觉地在文中流淌，作品之中也就有了这一内在的能量。如果没有这份经历呢？如果一路顺利，上了名牌大学呢？也许就永远不会有现在这种内在的力量，也不可能取得现在这些成绩。有时想想，写作真是很奇妙，苦难经历原本就是它的同胞兄弟姐妹啊！

江苏凤凰教育出版社
《行知工程》系列丛书目录

系列	序号	书名	主编	定价
教育思想者系列	1	《高效教学的道与术——陶继新教育讲演录》	陶继新	30.00
	2	《名校之道——陶继新对话名校长（1）》	陶继新	30.00
	3	《教育，一切从孩子出发》	黄　俭	30.00
创新教学探索系列	4	《让学生把母语用精彩——“语用课堂”的探索与实践》	佘小红	30.00
	5	《“备”出课堂精彩——备学式教学的课堂实践与思考》	张旭兰	30.00
	6	《神奇的阅读教室——带学生踏上美妙的阅读之旅》	李祖文	30.00
	7	《打造有生命力的课堂 ——“两步八环节”教学模式探索与实践》	查联智	30.00
	8	《最能培养学生探究能力的课堂 ——小学科学与信息技术单元整体课程实施与评价》	李怀源	30.00
	9	《最能激发学生运动天赋的课堂 ——小学体育单元整体课程实施与评价》	李怀源	30.00
	10	《最能提升学生艺术素养的课堂 ——小学艺术单元整体课程实施与评价》	李怀源	30.00
	11	《“生命语文”探索——焕发语文生命力的思考与实践》	王自成	30.00
	12	《粘连作文教学：让习作成为有个性的自我建构》	黄瑞夷	30.00
	13	《备学式教学——在体验中建构数学思维》	单广红　范雪梅	30.00
	14	《向着自主进发——自主教育的创新实施智慧》	朱亚红	30.00
	15	《写中学——让学习更有效的学科写作教学》	钟传祎	30.00
	16	《小学科学实验总动员 ——大科学课堂有效提升学生创新力》	江美华	30.00
	17	《小学语文单元整体课程实施与评价》	李怀源	30.00
	18	《小学英语单元整体课程实施与评价》	李怀源	30.00
	19	《小学数学单元整体课程实施与评价》	李怀源	30.00
	20	《让教学更能激发智慧 ——“思维碰撞”课堂的建构与实施》	程和方	30.00
精彩课堂系列	21	《从语文素养走向生命成长——小学语文读写课堂教学密码》	曾海玲	30.00
	22	《真实的品德课》	朱淑秀	30.00
	23	《英语课堂学习共同体——新型的师生交互学习场》	杨延从	30.00
	24	《指导自主学习——初中数学学与教的研究与实践》	刘其武	30.00

系列	序号	书名	主编	定价
精彩课堂系列	25	《玩出精彩的课堂——小学低年级教与学方式转变研究》	陶红松	30.00
	26	《让生命之花自主绽放——语文个性化教学建构策略》	商德远	30.00
	27	《让学生亲历知识——主体参与下体验式学习的实施策略》	何世祥	30.00
	28	《给孩子更好的数学课堂》	易增加	30.00
教育管理力系列	29	《缔造唯美教育——延奎小学素质教育实施策略》	易增加	30.00
	30	《让普通学校崛起的20个细节——"生命为本"教育团队成长密码》	李其玉	30.00
	31	《"走"出教育的精彩：走动式学校管理文化构建》	罗　军	30.00
	32	《校长兵法：学校管理四十六计》	皮大鹏	30.00
教师修炼系列	33	《教育，爱与宽容——教师心灵礼仪修炼》	许力争	30.00
校本研修系列	34	《校本研修资源的开发与利用》	陈朝林	30.00
	35	《校本研修与教师专业成长》	吴积军	30.00
	36	《卓越教师经典研修成长策略》	刘天宝等	30.00
	37	《特色校本课程开发范例解读》	刘永平　李秀伟　张雪梅	30.00
	38	《高效校本研修模型构建艺术》	刘素雁	30.00
	39	《走向实践的教研——中小学教育科研引领与应用》	江　敏	30.00
班级文化系列	40	《活力班级的文化建设》	胡　珏	30.00
	41	《做幸福的班主任》	吕　丽	26.00
教育家核心思想系列	42	《叶圣陶谈阅读》	叶圣陶 著　李怀源 选编	30.00
	43	《多元智能理论的本土化应用》	刘治富	30.00
	44	《大教育家最具施教力的教学思想》	白刚勋	30.00
高效能教学系列	45	《高效能教师的10个好习惯（中学卷）》	张　瑾	30.00
	46	《让作文落地生根——提高写作实效的教学策略》	黄桂林	30.00
	47	《高效能作文教学5项修炼》	陈步华	30.00
	48	《高效能校长的10个好习惯》	张　勤	30.00
	49	《高效能教师的10个好习惯（小学卷）》	谢　英	30.00
	50	《高效能语文教学5项修炼》	王其华	30.00
新课程探索系列	51	《语文新课程的批判与重建》	葛桂斌	30.00

系列	序号	书名	主编	定价
美国名师教学译丛	52	《美国名师游戏教学本土化应用：幼儿园》	（美）玛西娅 L. 泰特 著 胡 珍 瞿 菁 编译	30.00
	53	《美国名师游戏教学本土化应用：小学英语》	（美）玛西娅 L. 泰特 著 杨永华 张心影 编译	30.00
美国名师教学译丛	54	《美国名师游戏教学本土化应用：小学数学》	（美）玛西娅 L. 泰特 著 谢艳红 编译	30.00
	55	《美国名师游戏教学本土化应用：小学科学》	（美）玛西娅 L. 泰特 著 刘丽萍 编译	30.00
	56	《美国名师游戏教学本土化应用：小学社会》	（美）玛西娅 L. 泰特 著 姜梅芳 编译	30.00
	57	《美国名师游戏教学本土化应用：小学音体美》	（美）玛西娅 L. 泰特 著 尹立志 编译	30.00
鲁派名师名校·教育探索者系列	58	《悦读立人——校园阅读文化体系构建策略》	杨世臣	30.00
	59	《教育智慧何处来——一位特级教师的思考手记》	付立金	30.00
	60	《和雅文化——校本课程的创新构建》	汤善香	30.00
	61	《让个性绽放精彩——学校课程体系整合与创生》	谢建伟 徐淑萍	30.00
	62	《让每个学生都幸福——最能润泽生命的学校文化建设》	谢建伟 张新喜	30.00
生态化校园系列	63	《点燃学习的激情——构建校园生态化学习型组织》	杨树岳	30.00
	64	《课改突围——构建学校生态化教学体系》	杨树岳	30.00
教育新思考系列	65	《语文教育向何处去》	王 丛	26.00
	66	《教育，就是做好普通的事》	孙志毅	27.00
	67	《走出语文的偏见——让学生体悟文本的原义》	丛智芳	30.00
	68	《让语文教学更高效——批注式阅读教学探索》	韩中凌	30.00
	69	《读写互促——探寻学以致用的语文教学》	曹 龙	30.00
	70	《跳出数学教数学——用文化融通数学教学》	马建秀	27.00
名师感悟系列	71	《让心灵伴着歌声成长——22位音乐名师的教育智慧》	陈 璞	30.00
	72	《超越自我的教师——32位名师的成长感悟》	李卫东 李秀伟	35.00
	73	《心灵的守护者——19位名班主任的教育智慧》	王晓松 曲文弘	30.00
	74	《名师感悟班主任有效工作艺术90例》	符礼科	30.00
	75	《名师感悟有效教学90例》	林高明 徐玉烟	30.00
信息化教学系列	76	《巧用白板教语文——信息技术与语文教学操作指南》	蒋丽清	30.00
	77	《跨越式实现高效课堂 ——信息技术与课程整合高效教学方案评析》	陈 玲 刘 禹	30.00

系列	序号	书　　名	主编	定价
教师必读系列	78	《教师必学的 16 堂修养课》	武宏伟	30.00
	79	《教师不可不知的教学心理效应》	叶勇军	30.00
	80	《班主任不可不知的管理效应》	奚一琴	30.00
	81	《教师不可不知的教育心理效应》	孙　媛	30.00
教师必读系列	82	《校长不可不知的管理效应》	谢申刚　张金豹	30.00
	83	《成为好教师的 7 项修炼》	王福强　李维华	30.00
	84	《如何让学生会学习》	龙　冰	30.00
	85	《如何让学生爱学习》	周震宇　许小燕	30.00
核心教学主张系列	86	《新生代语文名师核心教学主张》	许友兰	30.00
学生心理解码系列	87	《孩子问题行为一点通 ——只有好老师才知道的学生心理谜底》	严育洪	30.00
教育求索系列	88	《思政教学的人文力量》	戴晓华	30.00
	89	《师道新说——给教育者的 30 条箴言》	徐　卫	30.00
行思讲坛系列	90	《灵动而朴素地教语文——潘文彬的微格教育生活》	潘文彬	30.00
	91	《师爱无疆——润泽学生心灵的教育故事》	侯忠彦	30.00
	92	《怎样反思更有效——促进教师专业发展的反思策略》	诸贝贝	30.00
	93	《成为高度自觉的教育者——写给后课标时代的数学教师》	许卫兵	30.00
	94	《哲思数学课》	刘全祥	30.00
	95	《智慧数学课——黄爱华教学思维的实践策略》	黄爱华	30.00
	96	《童趣数学课》	徐　芳	30.00
	97	《把学生教聪明》	严育洪	30.00
	98	《教师最应该规避的教育误区》	杨坤道	30.00
	99	《用语文的方式教语文——潘文彬教学主张与实践智慧》	潘文彬	30.00
	100	《怎样让阅读教学更有效 ——提升教学能力的十种读诵模式》	汪秀梅	28.00
	101	《让生命在润泽中起舞——当代小学生最需要的主题班会》	吴联星　罗　琳 冯卫东	30.00
	102	《让生命欢快拔节——当代中学生最需要的主题班会》	冯卫东　吴联星	30.00
	103	《课堂因生成而精彩——高效教学的生成智慧》	张文质	30.00
	104	《回到每一个人的生命化教育 ——张文质二甲中学教育行动录》	张文质	30.00

系列	序号	书　　名	主编	定价
中国教育变革之路丛书	105	《百年树人师何为——教师队伍建设困顿与出路》	将丽珠　李玉向	30.00
	106	《入园何时不再难——学前教育困惑与抉择》	曾晓东 范　昕　周　慧	30.00
	107	《三尺书桌何处寻——流动人口子女教育困难与破解》	范先佐	30.00
中国教育变革之路丛书	108	《苦旅何以得纾解——高考改革困境与突破》	郑若玲	30.00
	109	《择校纠结何时了——择校问题困局与治理》	曾晓东　周文海 曾娅琴	30.00
创新教学思想系列	110	《“大问题”教学的形与神》	黄爱华　张文质	30.00
校长领导力系列	111	《高品质学校生长要素》	王益民	30.00
	112	《校长高校教学领导力提升策略》	徐世贵　郭文哿	30.00
教育漫笔系列	113	《课堂，诗意地栖居》	吴书华	30.00
新思维系列	114	《教育中的“不一定”——打破教育的19种思维惯式》	严育洪	30.00
教学提升系列	115	《有思想地教阅读——让学生学会品读文字真意》	王学东	30.00
教育艺术提升系列	116	《藏在师生体态语言里的教学智慧》	张　宇　廖生波	30.00
教学全手册系列	117	《小学习作教学全手册》	郭家海	30.00
	118	《中学写作教学全手册》	郭家海	30.00
	119	《情境教学操作全手册》	冯卫东	35.00
	120	《合作教学操作全手册》	李春华	35.00
	121	《探究教学操作全手册》	周新桂	35.00
	122	《自主教学操作全手册》	诸葛彪	35.00
	123	《创新教学操作全手册》	王　玮	35.00
	124	《班主任工作全手册》	刘沛华	35.00
	125	《新教师工作全手册》	周震宇	35.00
	126	《学生心理健康教育全手册》	刘海莉　刘春杰	35.00
	127	《高效教学操作全手册》	马友平	35.00

系列	序号	书　　名	主编	定价
创新人才培养系列	128	《创新人才培养校园科普精品课程开发与指导——人大附中创新人才培养》	罗　滨	30.00
	129	《创新人才培养特色校本课程开发与创新人才培养——清华附中“国际安全下的科学技术”课程构建与实施》	王殿军　方　研 赵宏雁	30.00
	130	《创新人才培养：学校实验室建设与管理》	刘克文 杨发丽　杨　平	30.00
	131	《创新人才培养：数学探究活动开发与指导》	马云朋　韩继伟	30.00
	132	《创新人才培养：化学研究活动开发与指导》	王　磊	30.00
	133	《创新人才培养：物理探究活动开发与指导》	廖伯琴	30.00
	134	《创新人才培养：地理探究活动开发与指导》	张建珍　陈　澄	30.00
	135	《创新人才培养：生物探究活动开发与指导》	张迎春	30.00
	136	《创新人才培养：理念探索与思维突破》	王晶莹	30.00
新生代通派名师系列	137	《简约数学教学》	许卫兵	30.00
	138	《语文教学的本真——情意课堂展现母语之美》	吴建英	30.00
	139	《语文课堂的理想追求——欢快达成三维目标》	董一红	30.00
	140	《阅读教学的真髓——意象构建读出文学的真美》	祝　禧	30.00
	141	《美术教育的真谛——审美人生教育让生命绚丽成长》	陈铁梅	30.00
	142	《语文教学的理想境界——无痕教学润泽生命》	李　凤	30.00
	143	《儿童作文的本义——嬉乐作文让儿童乐并成长着》	王笑梅	30.00
	144	《名师是怎样炼成的》	王建明　王笑君	35.00
幼师成长系列	145	《幼儿行为背后——教师如何读懂幼儿的心思》	吴亚英	30.00
	146	《最具教育力的22种幼儿教育思想》	杨　达	30.00
	147	《幼儿教师必知的安全应急措施》	杨　达	30.00
	148	《幼儿教师必备的教育技能》	李　玲	30.00
	149	《卓越园长21条幼儿园管理策略》	周　丹　江东秋	30.00